W0184048

Birgit Adam

Wir feiern Kindergeburtstag

Lustige Spiele für drinnen und draußen
Tipps für Vorbereitung und Organisation

WILHELM HEYNE VERLAG · MÜNCHEN

FSC
Mix
Produktgruppe aus vorbildlich bewirtschafteten Wäldern und anderen kontrollierten Herkünften

Zert.-Nr. SGS-COC-1940
www.fsc.org
© 1996 Forest Stewardship Council

Verlagsgruppe Random House
FSC-DEU-0100
Das für dieses Buch verwendete
FSC-zertifizierte Papier *München Super*
liefert Mochenwangen.

3. Auflage
Originalausgabe 12/2004

Copyright © 2004 by Wilhelm Heyne Verlag, München,
in der Verlagsgruppe Random House GmbH
http://www.heyne.de
Printed in Germany 2006
Konzeption und Realisation: Medienagentur Gerald Drews, Augsburg
Redaktion: Diethild Bansleben
Umschlagillustration: Mauritius images/age fotostock
Umschlagkonzept und -gestaltung: Eisele Grafik-Design, München
Satz: Fotosatz Völkl, Türkenfeld
Druck und Verarbeitung: GGP Media GmbH, Pößneck

ISBN-10: 3-453-68500-8
ISBN-13: 978-3-453-68500-0

Inhalt

Vorwort

Oh je! Das Kind hat Geburtstag und natürlich will es eine Party mit allen seinen Freunden! Die soll es auch haben, denn schließlich wollen Sie als Eltern Ihrem Sprössling an seinem Ehrentag jeden Wunsch erfüllen! Doch wie bändigen Sie eine Bande von kleinen Quälgeistern, ohne dass sämtliches Geschirr zu Bruch geht und die Nachbarn die Polizei rufen? Wie gestaltet man eine Party so, dass die kleinen Gäste viel Spaß haben und niemandem langweilig wird? Was servieren Sie den Kindern, mit welchen Geschenken überraschen Sie sie? Und wie um Himmels Willen überstehen Sie diese Herausforderung ohne Nervenzusammenbruch?
Geburtstagsfeiern sind ein Höhepunkt im Kinderjahr. Oft können die Kinder schon Tage vor dem großen Fest nicht mehr richtig schlafen – die Vorfreude ist einfach riesig. Erinnern Sie sich doch einmal an Ihre eigene Kindheit! Haben Sie nicht auch noch eine Party in Erinnerung, die etwas ganz Besonderes war? Erinnern Sie sich daran, was Ihnen daran so besonders gut gefallen hat?
Dieses Buch soll auch als Erinnerungshilfe dienen und Ihnen eine Reihe von Spielen und Spielideen ins Gedächtnis zurück rufen, die Sie vielleicht noch aus Ihrer eigenen Kindheit kennen. Darüber hinaus gibt es jedoch auch neue Anregungen und eine Vielzahl von Tipps und Hinweisen rund um den Kindergeburtstag. Dies beginnt bei der Vorbereitung und Planung. Machen Sie sich schon im Vorfeld einige Gedanken und lassen Sie den Tag nicht einfach so auf sich zukommen. Außerdem erhalten Sie Anregungen für Tisch- und Raumdekoration, fantasievolle Speisen und Getränke und für kleine Geschenke, welche die Gäste im Laufe des Nachmittags gewinnen können. Großen Raum nehmen Spiel-

ideen für drinnen und draußen ein – mal kreativ, mal lustig, mal ruhiger, mal zum Herumtoben. Oder wie wäre es mit einer Mottoparty – einer Reise ins Mittelalter oder in den gefährlichen Dschungel? Bei einem gelungenen Fest kommen Kinder *und* Eltern auf ihre Kosten. Wie das geht, zeigt Ihnen dieses Buch.

Viel Spaß beim Feiern wünsche ich Ihnen und vor allem Ihrem Kind!

Birgit Adam

1. Kapitel

Vorbereitung und Planung

Na, rückt der Geburtstag Ihres Kindes langsam näher? Dann sollten Sie nun beginnen, sich ein paar Gedanken über die Geburtstagsparty zu machen: Wo und wie wollen Sie feiern? Wie viele Kinder möchten Sie einladen? Brauchen Sie Helfer, Dekorationsmaterial oder kleine Geschenke? Und was wollen Sie den Gästen überhaupt bieten?
Was es bei der Planung eines Kindergeburtstages alles zu bedenken gilt, erfahren Sie in diesem Kapitel.

Erste Überlegungen

Die wichtigste Regel bei der Planung eines Kindergeburtstages ist immer die gleiche: Planen Sie mit Ihrem Kind, nicht für Ihr Kind.
Sie können noch so tolle Ideen für eine ausgefallene Party haben – wenn sich Ihr Kind etwas völlig anderes wünscht, wird es daran keine Freude haben.
Es kann seine eigene Feier nicht genießen und die negative Stimmung des Geburtstagskindes überträgt sich schnell auf die anderen Gäste – von einer gelungenen Feier kann dann keine Rede mehr sein. Außerdem weiß Ihr Kind besser als Sie, welche Spiele seinen Freunden Spaß machen und was in seinem Freundeskreis gerade angesagt ist. Schließlich sollten am Geburtstag die Wünsche des Geburtstagskindes im Vordergrund stehen!
Beziehen Sie Ihr Kind also von Anfang an in die Planung und Vorbereitung des Festes mit ein, fragen Sie nach seinen

Wünschen und Vorstellungen und berücksichtigen Sie diese, so gut es eben geht.
Ihr Kind sollte nicht nur seine Wünsche äußern, sondern es darf ruhig auch bei den Vorbereitungen mit anpacken. Einladungen oder Dekorationen lassen sich wunderbar gemeinsam vorbereiten und basteln.
Zum einen erlebt Ihr Kind die Party dann nicht nur intensiver, sondern es lernt auch, dass einem im Leben nicht einmal eine Geburtstagsparty einfach »in den Schoß« fällt. Außerdem wird es selbstständiger und weiß schon frühzeitig, was alles zur Vorbereitung einer Party gehört.

Wie viele Gäste sollen kommen?

Am liebsten würde Ihr Kind natürlich die gesamte Schulklasse einladen. Richten Sie sich danach, wieviel Platz Sie haben und welche Anzahl von Gästen Sie maximal unterbringen und bewirten können.
Im Sommer haben Sie immerhin noch die Möglichkeit, nach draußen auszuweichen, doch sollten Sie auch bedenken, dass es eventuell regnen könnte.
Zum Feiern bieten sich auch Ausflüge mit den Kindern an: Zum Beispiel in ein Schwimmbad, in den Zoo oder in einen Freizeitpark.
Doch auch bei dieser Variante sollte die Zahl der Gäste unter Umständen beschränkt werden, denn ein einzelner Erwachsener kann unmöglich dreißig Kinder gleichzeitig beaufsichtigen. Aber vielleicht haben Sie ein paar Freundinnen, die Ihnen unter die Arme greifen?
Besprechen Sie in jedem Fall die Einladungsliste mit Ihrem Kind frühzeitig. Falls die Anzahl der Wunsch-Gäste Ihres Kindes den Rahmen des Möglichen sprengt, erklären Sie ihm behutsam, warum das so ist.
Übrigens: Eine beliebte Faustregel lautet: »So alt wie das Kind

ist, so viele Gäste werden eingeladen.« Alternativ sagt man: Ein guter Richtwert ist die Anzahl von etwa zehn Gästen. Bei dieser Größe lässt sich die Gruppe noch relativ gut lenken und betreuen. Auch die Kinder können gut miteinander spielen und kommunizieren. Ist die Gruppe zu groß, kann es passieren, dass die Geburtstagsgesellschaft in einzelne Grüppchen zerfällt und nicht jedes Kind mit einem anderen spielt.

Behalten Sie außerdem im Auge, wie viel Platz Ihnen zum Feiern und Spielen zur Verfügung steht. Sicher können Sie zu einem Gartenfest mehr Kinder unterbringen als bei einer Party in einer Wohnung. 15 Kinder lassen sich nur schwer in ein kleines Wohnzimmer quetschen. Die kleinen Partygäste müssen sich einschränken und können nicht ungehemmt spielen.

Wenn Sie keinen Garten haben, so können Sie im Sommer zum Beispiel in einen Park, auf einen Sportplatz oder in den Wald ausweichen.

Eine gewisse Ähnlichkeit und geringe Altersunterschiede tragen zur harmonischen Stimmung bei. Vielleicht hat Ihr Kind ja einen Freund oder eine Freundin, der oder die ein paar Jahre älter oder jünger ist. Dann sollte dieses Kind natürlich auf der Feier nicht fehlen. Bedenken Sie dabei jedoch, dass es sich vielleicht unwohl fühlt, wenn es nicht zur übrigen Gruppe passt.

Und noch etwas: Vielleicht hat Ihr Chef eine Tochter, die zufällig so alt ist wie Ihre. Es wäre doch schön, wenn die beiden Freundinnen werden würden, denn so stünden Sie beim Chef gleich ein wenig besser da!

Leider hält Ihre Tochter jedoch nicht viel von dem anderen Mädchen: »Die doofe Kuh will ich nicht auf meiner Party haben!«, dann laden Sie die »doofe Kuh« natürlich auch nicht ein: Schließlich ist es das Fest Ihres Kindes, da haben Ihre beruflich-strategischen Überlegungen nichts zu suchen!

Was bieten wir den Gästen?

Grundsätzlich gilt: Übernehmen Sie sich nicht! Sie müssen Ihren kleinen Gästen nicht die perfekte Party bieten. Ganz im Gegenteil: Kindern fällt es nicht auf, wenn Ihre Wohnung nicht blitzblank geputzt ist oder die Servietten nicht zum Tischtuch passen. Sie legen auch keinen Wert darauf, ob die Torte nach dem Rezept eines Starkochs gebacken wurde – Hauptsache, sie schmeckt! Planen Sie das Fest nicht minutiös durch und geben Sie den Kindern stattdessen Freiraum für eigene Ideen. »Improvisation« heißt das Zauberwort: Wenn Sie merken, dass den Kindern ein bestimmtes Spiel sehr viel Spaß macht, so lassen Sie sie einfach spielen und verzichten Sie dafür auf einen anderen Programmpunkt. Kommt eine Aktivität dagegen gar nicht an, so kürzen Sie sie einfach ab und beginnen mit dem nächsten Spiel. Oft haben die Kinder auch eigene Vorstellungen davon, was sie spielen möchten. Geben Sie ihnen den Raum, Eigeninitiative zu entwickeln und freuen Sie sich, dass Sie einmal ein paar Minuten nicht gebraucht werden. Achten Sie jedoch darauf, dass nicht ein Kind oder eine Gruppe von Kindern die Party an sich reißt und das alleinige Kommando über alle Aktivitäten übernimmt. Keines der Kinder sollte unbeachtet bleiben oder zu kurz kommen. Hier gilt es, die Gruppe aufmerksam zu beobachten und notfalls einzugreifen.
Immer spielt die Jahreszeit bei der Frage eine Rolle, wie Sie die Party gestalten wollen. Bei Geburtstagen zur Faschingszeit bietet sich eine Faschingsparty an, bei Geburtstagen um Halloween (am 31. Oktober) eine Gruselparty. Feiern Sie in der Vorweihnachtszeit, kann zum Beispiel als ganz besonderer Gast der Nikolaus vorbeischauen. Schnitzeljagd und Schatzsuche lassen sich besser im Sommer durchführen. Dafür kann man im Winter Schlitten fahren. Im Herbst können die Kinder bei einem Spaziergang zum Beispiel bunte

Blätter, Kastanien und Eicheln sammeln und anschließend mit diesen Materialien basteln. Vor Ostern dagegen basteln die Kinder Dekorationen für den Osterstrauß oder blasen Eier aus und bemalen sie dann.
Doch auch hier gilt: Fragen Sie Ihr Kind, was es sich wünscht, bevor Sie an die Planung gehen. Kinder haben häufig ihre ganz eigenen Vorstellungen davon, wie die Party ablaufen soll. »Welche Spiele machen wir? Was wollen wir essen und trinken?« Im Mittelpunkt dieser Überlegungen sollten stets die Wünsche des Kindes stehen.

Tipp

Wollen Sie Ihr Kind an seinem Geburtstag richtig überraschen? Planen Sie einen Programmpunkt ein, von dem Ihr Kind vorher nichts weiß, über den es sich aber ganz bestimmt freuen wird.

Und noch etwas sollten Sie im Auge behalten: In unseren Breiten kann man sich leider nicht immer auf das Wetter verlassen. Überlegen Sie also, was Sie tun wollen, wenn das Wetter nicht mitspielt. Grundsätzlich haben Sie zwei Alternativen: Zum einen können Sie das Fest verschieben. Geben Sie dann auf der Einladung gleich den Ausweichtermin mit an und benachrichtigen Sie die Eltern auch rechtzeitig über die Verschiebung des Festes. Allerdings garantiert Ihnen leider niemand, dass das Wetter am Ausweichtermin tatsächlich besser ist. Außerdem wird es bei Ihrem Kind sicherlich Tränen geben, wenn die heiß ersehnte Party verschoben wird. Schon besser ist da die zweite Alternative: Überlegen Sie sich ein Programm für den Fall, dass schlechtes Wetter ist. Zwar haben Sie dann bei der Planung mehr Arbeit, Sie können jedoch sicher gehen, dass das Fest zum geplanten Termin stattfindet.

Die Organisation

Wenn Sie erst einmal wissen, was Sie den kleinen Gästen bieten wollen, können Sie sich an die konkrete Organisation des Festes machen. Notieren Sie genau, was Sie alles benötigen: Von den Einladungskarten über Essen und Trinken, Bastel- und Dekorationsmaterial bis hin zu kleinen Geschenken und Gewinnen für die Gäste. Fertigen Sie gleichzeitig eine Liste mit all denjenigen Dingen an, die Sie erst am Vortag der Party kaufen können – zum Beispiel frische Zutaten für Speisen und Getränke. So sparen Sie sich die Arbeit, Ihren Einkaufszettel später mühsam auseinander zu sortieren. Wobei kann Ihnen Ihr Kind helfen? Brauchen Sie vielleicht noch weitere Helfer? Und wer könnte das sein? Beschäftigen Sie sich frühzeitig mit diesen Fragen.
Wenn Sie die Nacht vor der Feier dazu nutzen, noch nicht erledigte Dekorationen oder Tischkärtchen zu basteln, sind Sie am nächsten Tag unausgeschlafen und müde. Und wenn Sie eines am Tag der großen Feier ganz besonders dringend brauchen, dann sind das Ruhe, Gelassenheit und Nerven wie Drahtseile! Die folgende Checkliste kann Ihnen bei der Planung Ihres Kindergeburtstages helfen:

Checkliste für einen gelungenen Kindergeburtstag

Vier Wochen vorher:
- Tag und Uhrzeit festlegen (Findet die Feier am Geburtstag selbst oder am Wochenende statt?)
- Gästeliste aufstellen
- Ort zum Feiern festlegen

Drei bis zwei Wochen vorher:
- endgültige Gästeliste aufstellen
- Einladungen verschicken
- Termin für Rückantworten setzen

Zwei Wochen vorher:
- Programm festlegen
- unbekannte Spiele ausprobieren
- Speisen und Getränke festlegen
- unbekannte Speisen ausprobieren
- Ideen für Gewinne überlegen
- Einkaufsliste zusammenstellen
- Dekorationen kaufen bzw. basteln

Eine Woche vorher:
- Einkaufen (Zutaten für Speisen, Getränke, Servietten, Spielmaterial, Gewinne usw.)
- Musikkassetten bzw. CDs zusammenstellen
- Utensilien für Spiele bereit stellen

Einen Tag vorher:
- Dekorationen anbringen
- verderbliche Zutaten einkaufen
- Speisen herstellen
- Kuchen backen

Am Festtag selbst:
- Bei unsicherem Wetter Eltern informieren, ob das Fest wie geplant stattfindet
- Tisch decken
- Entspannt feiern!

Die Einladungen

Zu einem Kindergeburtstag müssen Sie nicht unbedingt schriftlich einladen. Sie können die wichtigen Informationen auch mündlich weitergeben. Dann richten Sie die Einladung aber an die Eltern, denn Kinder sind oft noch nicht in der Lage, sich Informationen wie Datum und Uhrzeit genau zu merken.
Schöner ist eine schriftliche Einladung. Erstens wollen Sie Ihrem Kind ja nicht das Vergnügen nehmen, die Einladungen in der Schule zu verteilen und sich so ein bisschen in den Mittelpunkt zu stellen, und zweitens vergisst dann bestimmt niemand das Fest. Schließlich kann sich jedes Kind die Einladungskarte an die Pinnwand hängen. Spätestens zehn Tage vor der Party sollten die Gäste die Einladung in den Händen halten; bei kleineren Kindern darf es ruhig etwas früher sein, damit sich berufstätige Eltern rechtzeitig darum kümmern können, wie ihr Kind zur Feier kommt.
Bei der Gestaltung der Einladungskarten haben Sie mehrere Möglichkeiten: Im Schreibwarenhandel gibt es Päckchen mit zehn oder mehr Einladungskarten speziell für Kindergeburtstage. Sie müssen dann nur noch die wichtigen Informationen eintragen.
Schöner und individueller als die Karten aus dem Schreibwarenhandel sind selbst gebastelte Einladungskarten. Außerdem macht das Basteln den Kindern viel Spaß und steigert die Vorfreude auf den großen Tag. Sie können die Karten zum Beispiel aus buntem Tonpapier basteln. Schneiden Sie einen DIN-A-4-Bogen quer in zwei Hälften und falten Sie diese Hälften jeweils in der Mitte. So erhalten Sie aus jedem Bogen zwei Einladungskarten. Diese Karten darf Ihr Kind dann ganz individuell gestalten. Es kann mit Wachsmalkreiden, Bunt- oder Filzstiften etwas darauf malen, Dinge wie zum Beispiel Knöpfe, Streichhölzer oder Ähnliches darauf

kleben, mit Wasserfarben seine Fingerabdrücke auf den Karten verewigen – der kindlichen Fantasie sind hier keine Grenzen gesetzt. Es müssen auch nicht alle Karten gleich aussehen – wer möchte, kann für jeden Gast eine ganz spezielle Einladung basteln.

Das gehört auf die Einladungskarte

- Name des Geburtstagskindes
- Datum
- Beginn und voraussichtliches Ende des Festes
- Ort des Geschehens
- Zusätzliche Informationen: Motto der Party, Besonderheiten, zum Beispiel »Schwimmzeug mitbringen« oder Ähnliches
- Bitte um Zu- oder Absage
- Anschrift und Telefonnummer des Kindes

Meist wird Ihr Kind direkt an seinem Geburtstag feiern wollen. Fällt dieser auf einen Wochentag, setzen Sie den Festbeginn nicht zu früh an. Die Kinder brauchen genügend Zeit, um aus der Schule nach Hause zu kommen und um ihre Hausaufgaben zu erledigen. Überlegen Sie, ob Sie nicht vielleicht auf den Samstagnachmittag ausweichen wollen: Dann haben die Kinder den »Kopf frei« und es gibt keine Probleme, wenn sich die Party abends etwas länger hinzieht. In der Regel sollte ein Kindergeburtstag nicht viel länger als drei, bei kleineren Kindern auch nur zwei Stunden dauern. Eine solche Feier ist nämlich nicht nur für die Eltern anstrengend, sondern auch für die kleinen Gäste. Gegen Ende des Festes sind die Kinder oft völlig überreizt – das ist kein schöner Ausklang.

Normalerweise ist es üblich, dass die Eltern Ihre Kinder selbst zur Party bringen. Wenn Sie einen Zeitpunkt angeben, an dem das Fest zu Ende ist, so können die Eltern die Kinder dann auch wieder abholen. Wissen Sie jedoch noch nicht, wie lange die Party dauern wird, sollten Sie anbieten, die Kinder selbst nach Hause zu bringen. Engagieren Sie zu diesem Zweck ein oder zwei befreundete Mütter, Freunde oder Verwandte als zusätzliche »Taxifahrer«. So laufen Sie nicht Gefahr, dass Eltern mitten in die Party hineinplatzen und die Kinder nur unter großem Geschrei den Ort des Geschehens verlassen. Vermerken Sie dann auf der Einladungskarte, dass die Kinder nach Hause gebracht werden. Geben Sie aber trotzdem eine ungefähre Uhrzeit an, damit Sie nicht vor verschlossenen Türen stehen.

Puzzle

Sehr originell ist es, den Kindern die Einladung in Form eines Puzzles zu überreichen.
Schreiben Sie dazu den Text der Einladung auf eine Briefkarte oder ein Stück dünnen Karton und schneiden Sie sie dann in mehrere Stücke. Diese Puzzleteile geben Sie dann in ein Säckchen oder eine kleine Schachtel und überreichen sie so den Kindern.

Verschlüsselte Botschaften

Wer zu einer Schnitzeljagd oder Schatzsuche einlädt, kann den Gästen schon vor dem eigentlichen Fest ein Rätsel aufgeben. Wie wäre es, wenn Sie den Text der Einladung verschlüsseln, so dass die Kinder ihn erst enträtseln müssen? So können Sie zum Beispiel die einzelnen Buchstaben durch Zahlen ersetzen (A = 1, B = 2, C = 3 usw.). Achten Sie dabei auf Zwischenräume zwischen den einzelnen »Buchstaben«, damit eine »12« auch als »L« zu erkennen ist, und nicht etwa für »AB« gehalten wird. Eine weitere Möglichkeit ist, den Text zwar mit normalen Buchstaben zu schreiben, sich jedoch nicht an die üblichen Wortgrenzen zu halten. Fügen Sie stattdessen an willkürlichen Stellen Zwischenräume ein. Aus »Du bist zu meinem Geburtstag eingeladen« wird dann zum Beispiel »D ubi stzume ine mgebu rtst age inge la de n.« Oder schreiben Sie den Text einfach von vorne nach hinten: »nedalegnie gatstrubeg meniem uz tsib ud«.

Anonymer Brief

Alle Kinder wissen, wie ein anonymer Erpresserbrief aussieht: Einzelne Buchstaben oder Wörter werden aus Zeitungen und Zeitschriften ausgeschnitten und auf einem Blatt Papier so zusammengeklebt, dass sie den Text der Einladung bilden.
Damit Sie nicht allzu viel Schneide- und Klebarbeit haben, genügt es, wenn Sie ein Exemplar des anonymen Erpresserbriefs anfertigen und es dann fotokopieren.

Flaschenpost

Eine witzige Idee – nicht nur bei einem Seeräuberfest: Überbringen Sie die Einladung in Form einer Flaschenpost. Nehmen Sie dazu kleine Flaschen und schneiden Sie alte Korken so zurecht, dass sie in die Flaschenöffnungen passen. Den Text der Einladung schreiben Sie auf einen Papierstreifen. Rollen Sie diesen zusammen und stecken Sie ihn in die Flasche. Damit die Kinder die Einladung auch leicht wieder aus der Flasche herausbekommen, kleben Sie ein Ende des Papierstreifens unten am Korken fest.

Motto- und Themenpartys

Bei Motto- und Themenpartys sollte sich das Motto der Party natürlich schon in der Einladung wiederfinden. Tipps für die Gestaltung dieser Karten finden Sie im Kapitel »Motto- und Themenpartys«.

Dekoration und Tischschmuck

Die Wohnung oder das Zimmer, in dem gefeiert wird, sollte am Festtag natürlich besonders geschmückt sein, damit auch jeder sieht, dass es ein ganz besonderer Tag ist. Fröhlich und einladend soll der Raum aussehen – doch das kann ganz schön viel Arbeit machen!

Die Gestaltung des Partyzimmers

Für einen Kindergeburtstag braucht man in der Regel viel Platz, deshalb sollte er auch im größten Zimmer des Hauses oder in der Wohnung stattfinden. Glücklich können sich all diejenigen schätzen, die auf einen Spiel- oder Hobbykeller zurückgreifen können. Bei anderen wird meistens das Wohnzimmer dran glauben müssen.
Das Kinderzimmer dagegen ist für eine Party nicht so gut geeignet, da hier die Gefahr besteht, dass die Kinder sich auf die herum liegenden Spielsachen stürzen und sich nicht mehr für das eigentliche Geschehen der Geburtstagsfeier interessieren.
Wenn Sie im Wohnzimmer feiern, so sollten Sie das Zimmer

für diesen Anlass umrüsten, damit die Kinder genug Platz zum Spielen und Toben haben und nichts in die Brüche geht. Brauchen Sie vielleicht zusätzliche Möbel, zum Beispiel einen großen Tisch, an dem gemalt oder gebastelt werden kann? Dann transportieren Sie den ausziehbaren Esstisch von der Küche oder aus dem Esszimmer ins Wohnzimmer.

So wie Sie einige Gegenstände ins Partyzimmer hineinbringen müssen, so sollten Sie auch einige Dinge daraus entfernen. Dazu gehören zum Beispiel Möbelstücke, die im Weg stehen oder scharfe Kanten und Ecken haben. Eine teure Porzellanvase oder der Teppich, der möglichst keine Flecken bekommen sollte. Auch Ihren Computer sollten Sie beiseite schaffen. Denken Sie bei den Vorbereitungen auch an Ihre Haustiere. Hunde zum Beispiel drehen gerne ein wenig auf, wenn sie plötzlich eine Fülle von Spielkameraden haben, springen herum, bellen und sind oft nur schwer wieder zu beruhigen. Katzen dagegen lieben es meist nicht unbedingt, wenn sie ständig herumgetragen, aufgehoben oder am Schwanz gezogen werden. Und es ist auch ein sehr zweifelhafter Höhepunkt einer Party, wenn zehn Kinder fieberhaft nach einem Hamster suchen, der im Eifer des Gefechtes aus seinem Käfig entwischt ist! Quartieren Sie Ihre Haustiere nach Möglichkeit an diesem Nachmittag aus oder bringen Sie sie in ein Zimmer, in dem die Kinder nichts zu suchen haben, zum Beispiel ins elterliche Schlafzimmer.

Bei einer Feier im Garten haben Sie viel Raum zum Improvisieren. Verschwenden Sie jedoch trotzdem vorher ein paar Gedanken daran, wo Sie essen wollen. Haben Sie einen Esstisch auf der Terrasse, so dürfte es keine großen Probleme geben. Oder wie wäre es mit einem Picknick auf Decken, Kissen und Luftmatratzen? In diesem Fall bietet sich ein Büfett zur Selbstbedienung an. Dieses können Sie zum Beispiel auf einem festlich geschmückten Tapeziertisch anrichten.

Gekaufter Festschmuck

Haben Sie nicht viel Zeit, um Ihre Wohnung oder den Partyraum festlich zu schmücken?
Dann können Sie auf gekauften Festschmuck zurückgreifen: Luftballons, Girlanden oder Luftschlangen lassen sich bequem drinnen und draußen anbringen und sorgen so schnell für Partystimmung. Leider sind sie auch dementsprechend teuer.

Selbst gebastelte Dekorationen

Wer seiner Kreativität gerne freien Lauf lässt, kann Dekorationen auch leicht selbst herstellen. Hier darf ruhig auch das Geburtstagskind mithelfen. Ein einfaches und billiges Material, aus dem Sie Girlanden und anderen Schmuck basteln können, ist Krepppapier. Kaufen Sie verschiedene Farben und schneiden Sie Bänder daraus, die etwa fünf Zentimeter breit sind. Drehen Sie dann zwei verschiedenfarbige Bänder gegeneinander zu einer Girlande.
Auch Blumen lassen sich ganz einfach aus diesem Material basteln. Sie brauchen dazu außerdem eine alte Zeitung und ein paar Stöcke. Zerknüllen Sie ein Blatt Zeitungspapier, bis Sie einen etwa faustgroßen Ball erhalten. Um diesen legen Sie dann ein Stück Krepppapier und befestigen es mit Tesakrepp. Stecken Sie einen Stock als Stiel hinein und schon ist Ihre Blume fertig. Noch hübscher ist es, wenn Sie zwei Lagen Krepppapier in verschiedenen Farben um den Zeitungsball wickeln.
Lampen können Sie ebenfalls mit Krepppapier umwickeln. Beachten Sie jedoch dabei, dass sich das Papier nicht überhitzt und am Ende noch Feuer fängt. Keinesfalls sollten Sie Glühbirnen direkt mit Papier umwickeln.
Gibt es in Ihrer Nähe ein Einrichtungshaus? Dann fragen

Sie dort einmal nach, ob Sie vielleicht ein altes Tapeten-Musterbuch haben können. Aus diesen Tapetenstücken lassen sich nämlich ebenfalls hübsche Girlanden basteln. Schneiden Sie die Tapetenstücke in etwa fünf Zentimeter breite Streifen und kleben Sie sie dann zu einer Kette aus lauter Tapetenringen zusammen. Natürlich können Sie aus den einzelnen Tapetenstücken auch spiralförmig Schlangen ausschneiden und diese dann zusammenkleben.
Luftballons dürfen natürlich auf keiner Kinderparty fehlen, doch sind sie in normalem Blau, Rot oder Grün nicht ein wenig langweilig? Malen Sie stattdessen lustige Gesichter auf die Ballons, kleben Sie Haare oder Bärte aus Wolle oder Luftschlangen darauf und setzen Sie dem Ballonmännchen einen Hut oder ein Kopftuch auf. Diese Ballons befestigen Sie dann an einem Stock oder an einer Stange, so dass Sie sie in Flaschen oder enge Vasen stecken können. Mit einer Schnur um den Knoten gewickelt, lassen sich die Ballons dann auch andersherum bemalen.
Bei Themenpartys können Sie die Ballons passend zum Motto der Party gestalten – Vampire, Seeräuber und Indianer lassen grüßen.

Dekoration nach Jahreszeit

Je nachdem, wann Ihr Kind Geburtstag hat, bieten sich weitere Dekorationsmöglichkeiten an. Zur Faschingszeit darf der Partyraum natürlich besonders schrill und bunt geschmückt sein – mit einer Fülle von Luftschlangen, Ballons, Girlanden und allem, was die Herzen der Kinder höher schlagen lässt. Bei einem Geburtstag im Winter kann ein Schneemann vor der Haustüre die Gäste begrüßen. Vielleicht trägt er ja auch noch ein Schild mit der Aufschrift »Willkommen bei Marie«... Bei Feiern rund um Halloween übernimmt ein ausgehöhlter Kürbis diese Begrüßung. Er

kann entweder vor der Haus- oder Wohnungstür stehen oder in einem Fenster, das zur Straße hinausgeht.
Bei Sommerfesten im Garten können Sie bunte Windrädchen aufstellen, den Sonnenschirm mit Luftballons und Krepppapierbändern behängen oder ihn mit Papierblumen und Ähnlichem schmücken. Reicht das Fest bis in den Abend hinein, sorgen Fackeln für eine festliche Stimmung.

Ungewöhnlicher Eingang

Wer sagt eigentlich, dass die Gäste den Partyraum unbedingt durch eine Tür betreten müssen? Es ist doch viel aufregender, wenn man in ein Zimmer hineinkrabbelt, wie etwa in eine geheimnisvolle Höhle. Öffnen Sie die Tür dazu weit (noch besser: hängen Sie sie aus) und befestigen Sie eine dunkle Decke oder ein dunkles Stück Stoff in der Türöffnung. Dann nehmen Sie einen großen Pappkarton, stellen ihn in den Türrahmen und öffnen Boden und Deckel des Kartons. Achten Sie darauf, dass der Karton auch stabil ist oder befestigen Sie ihn gut.
Die Kinder müssen dann durch diese Röhre (Sie können auch mehrere gleich große Kartons hintereinander stellen) krabbeln, um an den Ort des Geschehens zu kommen. Bei Gruselpartys hängen Sie noch allerhand schaurige Gegenstände in den Tunnel.

Der Tischschmuck

Nicht nur der Raum an sich, auch der Tisch, an dem gegessen wird, sollte festlich dekoriert werden. Die feine Spitzentischdecke bleibt dabei natürlich im Schrank – hier sind Materialien, die sich einfach reinigen oder wegwerfen lassen, am besten geeignet. Papier- oder Plastiktischdecken erfüllen diesen Zweck ganz hervorragend und können zudem auch noch wunderbar bemalt oder beschriftet werden. Ebenfalls im Schrank bleiben sollte das teure Porzellanservice. Auf Pappbecher und -teller sollten Sie jedoch auch lieber verzichten, denn diese sind nicht nur instabil, sondern außerdem nicht gerade umweltfreundlich. Nehmen Sie stattdessen einfach ganz normales Geschirr – das sind die Kinder von zu Hause ja auch gewohnt.

Tipp

Kleben Sie Namensschilder auf Gläser oder Becher. So weiß jedes Kind sogleich, welches Getränk ihm gehört.

Servietten sehen hübscher aus, wenn sie zu kleinen Figuren gefaltet werden. Leider lassen sich Papierservietten nicht ganz so gut falten wie Stoffservietten. Ein einfaches Ornament ist die Ziehharmonika: Falten Sie eine Serviette zu einer Ziehharmonika und stecken Sie sie zwischen zwei Gabelzinken fest.

Schließlich dürfen an einer festlichen Tafel auch Tischkarten nicht fehlen. Die einfachste Methode, wie Sie diese selbst anfertigen können, ist, eine Briefkarte in der Mitte zu falten und den Namen des Kindes darauf zu schreiben. Darüber hinaus können Sie die Tischkarte noch mit Zeichnungen oder bunten Aufklebern verzieren. Hübsch sieht es aus, wenn Sie ein Foto des Geburtstagskindes auf die Karte kleben. Oder Sie schneiden Tiere aus Kartons aus, auf die Sie dann die Namen der Kinder schreiben.

Der Platz des Geburtstagskindes sollte auch als Ehrenplatz zu erkennen sein. Schmücken Sie den Platz zum Beispiel mit einem Kranz aus Blättern oder Zweigen. Auch sehr kurz geschnittene Blumen, die in kleinen Gläsern (eventuell Schnapsgläser) oder Eierbechern rund um den Teller des Geburts-

tagskindes stehen, sehen hübsch aus. Oder wie wäre es einmal mit einem Kranz aus Bonbons oder Gummibärchen, die Sie rund um den Teller legen? Zusätzlich können Sie den Stuhl des Geburtstagskindes mit Girlanden dekorieren.
Neben diesen grundlegenden Dingen, die an keiner Festtafel fehlen dürfen, lässt sich der Tisch noch mit anderen Dingen schmücken: Blumen, Luftschlangen oder Girlanden verzieren die Tafel, von Kerzen sollten Sie – außer auf der Geburtstagstorte – jedoch lieber absehen, denn hier passiert zu schnell ein Unglück. Bei Geburtstagen, die mit den Festen im Jahreslauf zusammenfallen, bieten sich kleine Geschenke für die Gäste als Tischdekoration an. So kann zum Beispiel an Ostern ein Osternest am Platz eines jeden Kindes stehen, zur Vorweihnachtszeit sind Figuren aus Salzteig sehr beliebt.

Rezept: Salzteig (reicht für ca. vier Figuren)

Zutaten:
400 g Mehl
200 g Salz
2 EL Alaunpulver (aus der Apotheke)
3 EL Öl
$1/2$ l Wasser

Zubereitung:
Das Wasser zum Kochen bringen. Die übrigen Zutaten vermengen, zu einem festen Teig verkneten und zu einer dicken Platte ausrollen. Aus diesem Teig stechen Sie Figuren aus – entweder mit ganz normalen Plätzchenformen oder mit Hilfe einer Schablone, die Sie vorher aus einem Stück Pappe gebastelt haben. Die Figuren dann im Ofen bei geringer Hitze trocknen lassen und später bemalen.

Speis und Trank

Bei Erwachsenen stehen Essen und Trinken meist im Mittelpunkt eines Festes. Auch bei einem Kindergeburtstag sollte das leibliche Wohl der Gäste nicht zu kurz kommen. Allerdings sind hier Spiele und Unterhaltung meist wichtiger, weshalb ein Kindergeburtstag nicht in ein »großes Fressen« ausarten sollte. Fast noch wichtiger als die Frage, was es zu essen gibt, ist die Frage, wie das Essen präsentiert wird. Geben Sie den Speisen interessante Namen – besonders wenn es sich um eine Mottoparty handelt –, backen Sie Kuchen und Törtchen in ungewöhnlichen Formen oder färben Sie die Speisen mit gesundheitlich unbedenklichen Lebensmittelfarben. Ein blaues oder grünes Wiener Würstchen ist hundert Mal interessanter als ein ganz normales!

Die Auswahl der Speisen

Entscheiden Sie sich für solche Speisen, die Kinder gerne mögen – für kulinarische Experimente ist ein Kindergeburtstag nicht der richtige Ort. Geeignete Gerichte sind Spaghetti, Pizza oder Hamburger. Erkundigen Sie sich auch, ob ein Kind eine Lebensmittelallergie hat oder sich vegetarisch ernährt, und halten Sie dann Ausweichspeisen bereit.
Viele Kinder sind heute zu dick. Ein Kindergeburtstag sollte keine Gelegenheit bieten, sich hemmungslos mit Süßigkeiten voll zu stopfen. Gegen eine Geburtstagstorte mit Schokolade wird wohl niemand etwas einzuwenden haben, doch für den kleinen Hunger zwischendurch müssen es nicht unbedingt Süßigkeiten sein. Wie wäre es stattdessen mit Nüssen oder Salzgebäck? Oder mit einer leckeren roten Grütze oder einem exotischen Obstsalat?
Nutzen Sie die Möglichkeit, Speisen schon am Vortag der Party zuzubereiten. So können zum Beispiel Nudel- und Kartof-

felsalate bedenkenlos einen Tag vor der Feier fertiggestellt werden. So haben Sie am Festtag selbst mehr Zeit für die Kinder und stehen nicht am Nachmittag in der Küche. Nutzen Sie auch den Vormittag der Feier, während die Kinder noch in der Schule sind, dann können Sie schon in der Küche werkeln.

Kuchen, Waffeln und Schokolade

Bei einem Kindergeburtstag darf natürlich die Geburtstagstorte nicht fehlen. Hat Ihr Kind einen Lieblingskuchen, so sollte es diesen an seinem Festtag auch bekommen. Oder wie wäre es einmal mit einer etwas ungewöhnlicheren Variante? Keinesfalls muss ein Kuchen immer die bekannte runde Form oder Kastenform haben. Warum basteln Sie aus dem Teig nicht einmal einen Osterhasen, ein Glücksschwein oder das Lieblingstier Ihres Kindes? Achten Sie jedoch darauf, dass Sie trotzdem Kerzen auf dem Kuchen anbringen können. Das Ausblasen der Kerzen ist ein Höhepunkt einer jeden Party und sollte daher auf keinen Fall fehlen.

Rezept: Waffeln (für vier Personen)

Waffeln sind bei den meisten Kindern beliebt und auch gar nicht schwer zuzubereiten.

Zutaten:
250 g Weizenmehl
250 g Butter oder Margarine
3 Eier
2 EL Honig oder Ahornsirup
1 TL Backpulver
etwas Vanillepulver
eine Prise Salz

Zubereitung:
Eier trennen. Eigelb, Butter, Honig, Vanille und Salz schaumig rühren. Mehl und Backpulver dazugeben, dann den Teig etwas quellen lassen. Eiweiß steif schlagen und unterziehen. Dann den Teig im Waffeleisen ausbacken. Die Waffeln können Sie dann mit unterschiedlichen Beilagen servieren, zum Beispiel mit Schlagsahne, Eis, Sauerkirschen, Preiselbeeren oder Schokoladensoße.

Popcorn ist ein weiterer beliebter Partysnack. Sie können das Popcorn entweder kaufen oder selbst machen. Dazu erhitzen Sie etwas Bratfett in einem großen Topf. Geben Sie dann so viele Maiskörner in den Topf, dass diese gerade den Boden bedecken. Dann kommt der Deckel auf den Topf, und schon bald werden die Maiskörner »poppen«. Unter das heiße Popcorn rühren Sie dann etwas Honig, wenn es süß sein soll oder geben Salz für salziges Popcorn hinzu.

Rezept: Schokoladenfondue (für vier Personen)

Zutaten:
200 g Blockschokolade
3-4 EL Honig
250 g ungeschlagene Sahne
Obst, zum Beispiel Äpfel, Bananen, Ananas

Zubereitung:
Schokolade im Wasserbad zum Schmelzen bringen, Honig und Sahne unterrühren und in eine tiefe Schüssel geben. Das Obst schälen und in Stücke schneiden. Die Kinder spießen dann das Obst auf Fonduegabeln und tunken es in die Schokoladensauce.

Originelle Figuren lassen sich aus Blätterteig zaubern. Fertigen Sie Schablonen aus Pappe an – Tiere, Clowns oder andere Dinge, die zu Ihrer Mottoparty passen. Legen Sie sie auf den ausgerollten Teig und schneiden Sie die Figuren aus. Wenn Sie Figuren basteln wollen, die aus verschiedenen Teilen zusammengesetzt werden, so feuchten Sie beide Seiten des Teiges gut mit Wasser an und streichen Sie nach dem Zusammensetzen die Ränder glatt, so dass man die »Nähte« nicht sieht. Als »Augen« dienen Löcher oder Schlitze, die in den Teig geschnitten werden. Achten Sie darauf, diese wesentlich größer zu machen, als sie später aussehen sollen. Der Teig geht beim Backen auf, und die Augen wachsen dann zu. Auch beim Belegen des Backblechs sollten Sie daran denken, dass der Teig aufgeht: Lassen Sie also genügend Abstand zwischen den einzelnen Figuren.

Getränke

Unterschätzen Sie nicht den Durst der Kinder. Vor allem, wenn auf der Party viel gespielt und getobt wird. Legen Sie sich daher einen ausreichend großen Vorrat an Getränken zu. Am gesündesten ist natürlich Mineralwasser, doch ist dies bei Kindern leider nicht immer beliebt. Limo oder Cola dagegen enthalten sehr viel Zucker, zudem hat das enthaltene Koffein eine aufputschende Wirkung. Wollen Sie es bei Ihrer Party wirklich mit zehn völlig überdrehten Kindern zu tun haben? Eine gute Alternative sind Fruchtsäfte in verschiedenen Geschmacksrichtungen.
Wie bei den Speisen hängt auch bei den Getränken viel von der Präsentation ab. Besondere Begeisterung rufen stets Getränke in ausgefallenen Farben hervor. Dazu können Sie zum einen ganz einfach unbedenkliche Lebensmittelfarbe in normale Getränke geben, zum anderen aber auch über die Zutaten Einfluss auf die Farbe nehmen.

Rezept: Blaues Wunder (für vier Personen)

Zutaten:
$1\frac{1}{2}$ l Holundertee
$\frac{1}{2}$ l Heidelbeersaft
Zitronensaft
Honig
Evtl. Heidelbeeren

Zubereitung:
Holundertee und Heidelbeersaft vermischen und mit Zitronensaft und Honig abschmecken. Eventuell Heidelbeeren und Eiswürfel zugeben.

Außerdem können Sie bunte Fruchtsäfte – zum Beispiel Kirschsaft, Orangensaft, schwarzen Johannisbeersaft oder Waldmeistersaft – in Eiswürfelbehälter gießen und dann gefrieren lassen. Auf der Party dürfen sich die Kinder Würfel aussuchen und in Gläser mit Mineralwasser geben. So erhalten sie kunterbunte Getränke.

Ideen für Gewinne und Überraschungen

Immer häufiger bekommen die Kinder im Laufe einer Geburtstagsparty kleine Geschenke, die sie dann mit nach Hause nehmen können. Die gastgebenden Eltern stellt dieser Brauch jedoch vor neue Probleme. Kinder können heutzutage ganz schön anspruchsvoll sein, und damit es später keine langen Gesichter und Kommentare gibt wie »Das mag ich nicht, das ist ja doof«, müssen die Eltern oft etwas tiefer in die Tasche greifen. Ob Sie 10 oder 15 Euro pro Kind ausgeben wollen, bleibt Ihnen (und Ihrem Geldbeutel) überlassen, doch lassen Sie sich nicht unter Druck setzen: Nur weil andere Eltern ein halbes Vermögen für Gewinne und Preise ausgeben, müssen Sie dies noch lange nicht ebenfalls tun. Außerdem gibt es noch eine andere Möglichkeit, wie Sie dafür sorgen können, dass Ihre Gäste nicht mit leeren Händen nach Hause gehen: Wie wäre es, wenn Sie mit den Kindern zusammen etwas basteln? Einige Tipps und Anregungen hierzu finden Sie im Kapitel »Kreative Spiele und Bastelideen« (siehe Seite 65).

Gewinne und Überraschungen, die nicht viel kosten

- Dekorieren Sie den Sieger festlich mit einem Lorbeerkranz oder einer Papierkrone und fotografieren Sie ihn mit einer Digital- oder Sofortbildkamera in Denkmalpose. Dieses Foto kann der Gewinner dann als Andenken an die Party und seinen Triumph mit nach Hause nehmen.
- Schenken Sie dem Sieger einen Gutschein für einen Besuch im Schwimmbad oder im Zoo, zusammen mit Ihnen und Ihrem Kind.
- Der Gewinner darf sich aussuchen, was als Nächstes gespielt wird.
- Die anderen Kinder müssen dem Sieger ein Ständchen bringen – der Gewinner darf sich das Lied jedoch wünschen.

Sind die Gewinne allein an die Spiele gekoppelt, so besteht die Gefahr, dass manche Kinder zu oft gewinnen, andere dagegen überhaupt nichts. Vor allem zurückhaltende Kinder kommen hier oft zu kurz. Enttäuschung oder gar Tränen

können die Folge sein. Halten Sie für solche Fälle stets auch einige »Trostpreise« bereit. Diese sollen sich in der Qualität nicht allzu sehr von den eigentlichen Preisen unterscheiden. Außerdem empfiehlt es sich, immer zwei bis drei Geschenke mehr zu besorgen, als Sie eigentlich eingeplant haben – man kann ja nie wissen ...
Tipp: Damit die Kinder ihre Gewinne im allgemeinen Chaos nicht gleich wieder verlieren, sollten Sie ihnen einen Behälter zur Aufbewahrung geben. Hierzu können Sie einfach Plastiktüten mit Namensaufklebern versehen.

Hilfe in Notfällen

Gerade wenn Ihr Kind sehr viele Gäste einlädt, kann es passieren, dass Sie die Party nicht alleine »stemmen« können. Auch in anderen Situationen fühlt sich die eine oder andere Mutter überfordert, zum Beispiel wenn es plötzlich Streit oder Tränen gibt. Wie Sie sich in diesen Fällen verhalten, verraten Ihnen die folgenden Abschnitte.

Die Helfer

Bei Festen mit sehr vielen Kindern kann es sein, dass Sie die Vorbereitungen und die Party selbst nicht alleine bewältigen können. Vielleicht haben Sie ja eine Schwester, eine gute Freundin oder eine Mutter, die Ihnen ein wenig unter die Arme greift? Wenn noch eine zweite Person am Festtag hilft, so hat dies den Vorteil, dass Sie zum Beispiel in der Küche in Ruhe das Essen vorbereiten können, während Ihre Helferin mit den Kindern spielt. So sind die Kinder niemals unbeaufsichtigt. Wählen Sie für diese Aufgabe eine Person, mit der Sie gut zusammenarbeiten können und die ihre Auffassung von Kindererziehung teilt. Oft bieten wohlmeinende Mütter von sich aus ihre Hilfe an – greifen Sie auf dieses Angebot nur dann zurück, wenn Sie die betreffende Mutter auch gut kennen. Sonst sind Sie zusätzlich gestresst. Vielleicht gibt es am Ende sogar noch Streit. Vor allem bei Aktivitäten im Freien oder bei Ausflügen mit den Kindern sollten Sie unbedingt Unterstützung suchen. Sie tragen in diesem Fall nämlich die Verantwortung für die Kinder – wenn etwas passiert, tragen Sie die Schuld. Bei zehn oder mehr Kindern ist es jedoch sehr schwer, keines aus den Augen zu verlieren. Rekrutieren Sie daher rechtzeitig eine Hilfskraft.

Tipp

Vergessen Sie nicht, sich im Nachhinein bei Ihren Helfern zu bedanken, zum Beispiel mit einem kleinen Geschenk oder einer Einladung zum Essen.

Eine weitere Personengruppe sollten Sie bei einer Geburtstagsparty nicht übersehen: Ihre Nachbarn. Informieren Sie diese rechtzeitig über die geplante Party, so dass sie im Notfall »flüchten« und den Nachmittag außer Haus verbringen können.
Dies gebietet zum einen die Höflichkeit, zum anderen können Sie so auch stressfrei feiern und müssen die Kinder nicht ständig zum Stillsein ermahnen, was sowieso nicht funktioniert …

Richtiges Verhalten bei Streit

Weder Eltern noch Geburtstagskind wollen, dass eine Party in Streit und Tränen endet. Doch was können Sie tun, damit es gar nicht erst so weit kommt? Das Beruhigende vorweg (Sie kennen es ja von Ihrem eigenen Kind): Kinder

geraten zwar schnell in Streit, doch sind die Streitereien auch meist sehr schnell wieder vergessen.
Schon im Vorfeld der Party können Sie einiges tun, um zu verhindern, dass überhaupt Streit aufkommt. Achten Sie darauf, dass die Gäste nicht allzu verschieden sind und gut miteinander spielen können. Bei der Wahl der Spiele sollten Sie nicht nur auf Wettkampfspiele zurückgreifen, denn dies fördert Aggressionen. Wenn Sie Wettkämpfe veranstalten, so sind Teamspiele besser geeignet als Einzelkämpfe. Setzen Sie die Gruppen dabei auch immer wieder neu zusammen.
Beim Fest selbst sollten Sie die Kinder aufmerksam beobachten: Wird ein Kind ausgegrenzt oder ist ein Kind zu dominant und versucht, das Geschehen an sich zu reißen? Wenn Sie merken, dass im Laufe eines Spieles Aggressionen auftreten, so brechen Sie das Spiel behutsam ab – und halten sofort eine neue spannende Spielidee parat. Der Super-GAU eines Kinderfestes: Das Fest mit den Worten abzubrechen: »So, das habt ihr jetzt davon. Weil ihr euch nicht benehmen könnt, geht ihr jetzt alle nach Hause!« Sie haben es dann nicht nur mit Ihrem eigenen, vermutlich heulenden Kind zu tun. Auch die anderen Kinder gehen unglücklich nach Hause. Deren Eltern sind wahrscheinlich ebenfalls nicht besonders froh darüber, wenn sie ihre Kinder außerplanmäßig abholen und dann auch noch trösten dürfen. So weit sollten Sie es also gar nicht erst kommen lassen!
Kleinere Streitereien übergehen Sie am besten. Sie sind meist so schnell zu Ende, wie sie begannen. Greifen Sie nicht ein und beziehen Sie auch nicht Partei. Hört der Streit nicht von selbst wieder auf, so ist Ablenkung angesagt. Beginnen Sie mit einem neuen Spiel oder mit einer Aktion, bei der die Kinder ruhig sein müssen und so keine Gelegenheit mehr zum Streiten haben, zum Beispiel: Vorlesen, Kasper-

letheater, Witze-Erzähl-Runde oder auch Singen. Aggressionen in Energie umzuwandeln, ist eine ebenso wirksame Methode. Zum Beispiel bei sportlichen Aktivitäten, Tanzen oder Ähnlichem.

Musik und Lieder

Kinder bewegen sich gerne. Auch das Singen macht ihnen meist großen Spaß. Bei einer Geburtstagsparty sollte natürlich auch dem Geburtstagskind ein Ständchen gebracht werden. »Happy Birthday« kennen sicherlich alle, doch wie wäre es zur Abwechslung einmal mit einem der folgenden Lieder?

Kräht der Hahn

Steht der Kuchen auf dem Tische,
macht sich dick, macht sich breit:
Guten Morgen, (Martina),
dein Geburtstag ist heut.
Kräht der Hahn, kräht der Hahn,
kräht der Hahn kikriki!

Und der Vater und die Mutter,
alle Kinder, alle Leut'
schreien: Hoch die (Martina)!
Ihr Geburtstag ist heut!
Kräht der Hahn, kräht der Hahn,
kräht der Hahn kikriki!

Den folgenden Kanon kennen die meisten Kinder. Vielleicht schaffen Sie es ja sogar, ihn vierstimmig zu singen?

Viel Glück und viel Segen

Weitere Lieder finden Sie im Kapitel »Spiele mit Musik«. Auch kleinere Kinder tanzen gerne und etwas Bewegung tut nach dem vielen Essen ebenfalls gut. Stellen Sie die Lieblingsmusik der Kinder auf Kassetten und CDs zusammen und bieten Sie ihnen Gelegenheit zum Tanzen.

2. Kapitel

Der Ablauf der Geburtstagsparty

Kindergeburtstage laufen meist nach dem selbem Schema ab. Am Anfang steht die Begrüßung: Die Gäste kommen an, wer sich noch nicht kennt, kann sich dort beschnuppern. Danach folgen Essen und Trinken, dann die Spiele. Am Ende steht meist ein passender Abschluss. Tipps und Anregungen für die einzelnen Phasen der Party erhalten Sie in diesem Kapitel.

Die Begrüßung

Zum vereinbarten Beginn trudeln die Kinder nach und nach ein. Sie überreichen dem Geburtstagskind ihre Geschenke – und dann? Gerade wenn sich nicht alle Kinder untereinander kennen oder einige von ihnen noch nie in Ihrer Wohnung zu Gast waren, macht sich an dieser Stelle oft Unsicherheit breit. Die Kinder stehen herum, sind angespannt und wissen nicht, was auf sie zukommt. Vor allem kleinen Kindern kann es schwer fallen, mit der neuen und ungewohnten Situation zurechtzukommen. Damit das Geburtstagskind nicht nur damit beschäftigt ist, seine Geschenke auszupacken, und in seiner Begeisterung seine Gäste vernachlässigt, können Sie die Geschenke zunächst auf einem Tisch sammeln und das Auspacken zum ersten Programmpunkt der Party machen – wenn alle Kinder da sind.
Übernehmen Sie die Aufgabe, Kinder miteinander bekannt zu machen, die sich noch nicht kennen. Ihr eigenes Kind denkt in der allgemeinen Aufregung nicht daran und ist sich dieses Problems oft auch gar nicht bewusst. Wenn ein neues

Kind ankommt, können Sie dieses in den Partyraum begleiten – bei Kindern, die sich in Ihrer Wohnung noch nicht auskennen, müssen Sie das auch – und dann laut verkünden: »Martin und Stefanie sind da!« So bekommen die anderen Kinder gleich die Namen der Neuankömmlinge mit. Sie können jedoch auch die bereits anwesenden Gäste als Empfangskomitee einsetzen: Dabei versammeln sich die Kinder in der Diele oder am Wohnungseingang und begrüßen die neu ankommenden Gäste – zum Beispiel mit einem »Hereinspaziert, hereinspaziert, herzlich willkommen, lieber Bastian!« oder mit einem Fantasiegruß. Zur »musikalischen« Untermalung dienen dabei Töpfe und Pfannen, Kämme und andere »Instrumente«.
Sie können aus dem Kennenlernen auch einen eigenen Programmpunkt machen, zum Beispiel indem Sie vor dem Essen eine kleine Vorstellungsrunde durchführen. Jedes Kind sagt kurz seinen Namen und woher es das Geburtstagskind kennt, zum Beispiel: »Ich bin Tobias und bin mit Felix zusammen im Turnverein« oder »Ich bin Marie und gehe mit Felix in eine Klasse.« Darüber hinaus gibt es auch Spiele, bei denen die Kinder sich näher kommen können. Bei kleineren Kindern ist zum Beispiel sehr beliebt »Mein rechter, rechter Platz ist frei« … Ideen für solche Spiele finden Sie im Kapitel »Spiele zum Kennenlernen« (siehe Seite 48).
Wichtig ist vor allem, dass die Kinder zu Beginn der Party die Chance bekommen, sich gegenseitig kennen zu lernen und die Namen aller Gäste zu erfahren. Sind dann erst einmal alle Gäste eingetroffen, so ist es an der Zeit, sie mit der »Hausordnung« vertraut zu machen. Jetzt haben Sie noch die volle Aufmerksamkeit der Kinder – nutzen Sie dies aus! Zeigen Sie den Gästen, wo gefeiert wird, wo die Küche und vor allem die Toilette ist. Wenn die Kinder bestimmte Zimmer, zum Beispiel das elterliche Schlafzimmer, nicht betreten

sollen, so sagen Sie dies nun ebenfalls klar und deutlich. Auch dass die Kinder den Garten nicht verlassen oder sich nicht von der Gruppe entfernen sollten, teilen Sie ihnen am besten so bald wie möglich mit.
Im Mittelpunkt der Party steht selbstverständlich das Geburtstagskind. Sie selbst kennen Ihr Kind natürlich am besten, doch kann es sein, dass Sie es am Tag der Party kaum wieder erkennen: Die Aufregung des Tages – vielleicht konnte Ihr Kind vor lauter Vorfreude auch nicht gut schlafen oder war bereits um 5.00 Uhr morgens wach – und die Tatsache, dass es den ganzen Tag im Mittelpunkt steht, lassen ein Kind oft angespannt und überreizt werden. Manchmal genügt ein klitzekleiner Auslöser, ein Schubser oder ein falsches Wort und schon bricht das Kind in Tränen aus. Anderen Kinder wiederum steigt ihre Rolle als Mittelpunkt der Gesellschaft zu Kopf und sie bekommen Wut- und Tobsuchtsanfälle, wenn einmal etwas nicht nach ihrer Nase geht. In solchen Situationen brauchen Sie viel Geduld und vor allem viel Ruhe, um Ihr Kind wieder ins Gleichgewicht zu bringen. Schimpfen nutzt hier gar nichts, denn so rufen Sie nur eine Trotzreaktion hervor. Setzen Sie Ihr Kind nicht unter Druck und machen Sie ihm keine Vorwürfe, sondern versuchen Sie stattdessen, die Situation mit unverfänglichen Spielen oder Liedern wieder unter Kontrolle zu bringen.

Essen und Trinken

Wenn alle Kinder beisammen sind und sich ein wenig beschnuppern konnten, ist es Zeit für den ersten »richtigen« Programmpunkt: das Essen und natürlich die Geburtstagstorte. Damit jedes Kind auch seinen Platz bei Tisch findet, gibt es eine ganze Reihe von Spielen. Einige davon finden Sie im Kapitel »Spiele zum Kennenlernen«.

Hat dann jedes Kind seinen Platz eingenommen, so bringen Sie die Geburtstagstorte an den Tisch, stellen Sie sie vor das Geburtstagskind und zünden Sie die Kerzen an. Geübte können die Torte auch mit bereits brennenden Kerzen hereintragen. Nun kommt das Geburtstagsständchen. Ob Sie sich dabei für das traditionelle »Happy Birthday« oder »Hoch soll er / sie leben« entscheiden oder etwas anderes ausprobieren, bleibt Ihnen überlassen. Wichtig ist nur, dass auch wirklich alle Kinder mitsingen können. Danach darf das Geburtstagskind die Kerzen ausblasen. Dass es dabei alle auf einmal ausblasen sollte, wissen Sie ja aus eigener Erfahrung. Dann darf es sich etwas wünschen, doch muss dieser Wunsch geheim bleiben, damit er auch in Erfüllung geht! Jetzt endlich darf gegessen werden! Weitere Tipps und Anregungen rund um den festlichen Esstisch finden Sie im Kapitel »Essen und Trinken« (siehe Seite 40).

Die Spiele

In der Regel stehen bei einer Geburtstagsparty nach dem Essen verschiedene Spiele auf dem Programm. Dies kann ein langes Spiel, wie zum Beispiel eine Schnitzeljagd oder Schatzsuche, sein. Oder aber eine ganze Reihe von Spielen. Packen Sie auf jeden Fall das Programm nicht allzu voll. Gerade bei unbekannten Spielen brauchen die Kinder Zeit, bis sie mit den Regeln und dem Ablauf vertraut geworden sind. Hier gilt es, die Gruppe aufmerksam zu beobachten: Meist merken Sie sehr schnell, ob die Kinder von einem Spiel gelangweilt sind oder noch weiter spielen wollen. Gehen Sie auf diese Wünsche ein und machen Sie nicht den Fehler, ein sehr beliebtes Spiel abzubrechen, nur weil Sie noch ein paar andere Sachen geplant haben. Ebenso falsch ist es, die Kinder etwas spielen zu lassen, von dem Sie genau merken, dass es ihnen keinen Spaß macht. Hier ist

viel Fingerspitzengefühl und Improvisationstalent gefragt. Achten Sie bei den Spielen auch auf eine ausgewogene Mischung. Fördern Sie den Bewegungsdrang der Kinder mit entsprechenden Spielen und Aktivitäten, doch geben Sie ihnen zwischendurch auch wieder Zeit, sich zu erholen. Auch zwischen aktiven Programmpunkten und passiven Elementen – zum Beispiel Vorlesen, Kasperletheater oder Ähnliches – sollten Sie abwechseln. Planen Sie von vornherein kleine Ruhepausen mit ein. Hier eignen sich zum Beispiel Bastelarbeiten oder Spiele, bei denen die Kinder an einem Tisch sitzen. Im Anschluss dürfen die Kinder dann wieder ihrem Bewegungsdrang nachgeben.
Außerdem brauchen die Kinder auch Freiraum, um eigene Spielideen zu verwirklichen. Oft ergibt sich aus einem Programmpunkt ein anderes Spiel, an das Sie bei Ihrer Planung gar nicht gedacht haben. Lassen Sie die Kinder dann spielen, wenn es ihnen Spaß macht. Vielleicht hat Ihr Kind ja auch ein Geschenk bekommen, das bei der Gruppe große Begeisterung hervorruft? Vielleicht wollen das die Kinder jetzt sofort ausprobieren? Dann sollten sie dazu auch Gelegenheit bekommen! Damit die Party auch wirklich gelingt – und zwar in den Augen der Kinder – ist es wichtig, dass die Kinder auch einmal das tun dürfen, was sie wollen.
»Wer fängt an? ...« ist die eingangs gestellte Frage bei allen Spielen. Meist wird es an Freiwilligen nicht fehlen – kommt immer dasselbe Kind zuerst dran, gibt es allerdings schnell Streit. Versuchen Sie, mit der Gruppe gemeinsam eine Lösung zu finden, und überlassen Sie die Entscheidung den Kindern selbst. Kinder haben oft eine andere Vorstellung von Gerechtigkeit als Erwachsene. Gute Methoden, die Reihenfolge bei einem Spiel zu bestimmen, finden Sie hier:

- Nach dem Alphabet: Hier haben Sie eine objektive Instanz, allerdings ist die Reihenfolge dann bei jedem Spiel dieselbe. Das bedeutet nicht nur, dass immer dasselbe Kind anfängt, sondern auch, dass immer dasselbe Kind als Letztes drankommt und dann vielleicht nicht mehr die volle Aufmerksamkeit der anderen Spieler bekommt.

- Nach dem Alter der Kinder, das jüngste Kind fängt an: Hier ergeben sich die gleichen Vor- und Nachteile wie bei einer alphabetischen Reihenfolge.
- Das Geburtstagskind bestimmt die Reihenfolge: Hier müssen Sie aufpassen, dass die Gäste dies nicht als persönliche Wertung empfinden. So könnte sich das zuletzt genannte Kind zum Beispiel denken »Der / Die mag mich nicht!«
- Schreiben Sie Nummern auf einen Zettel, die Sie in einen Hut werfen. Nun zieht jedes Kind einen Zettel und erfährt auf diese Weise, wann es an der Reihe ist. Losen Sie bei jedem Spiel wieder neu aus. Diese Möglichkeit ist am objektivsten, da das Los entscheidet – und trotzdem haben die Kinder das Gefühl, die Reihenfolge selbst festzulegen.

Was tun, wenn ein Kind bei einem Spiel nicht mitmachen will? Dies kommt vor allem bei Spielen vor, bei denen es um Wettkampf und Konkurrenz geht. Manche Kinder haben Angst, sich zu blamieren, und weigern sich daher, am Spiel teilzunehmen. In einem solchen Fall reagieren Sie am besten, indem Sie den Wunsch des Kindes respektieren und es zusehen lassen. Manche Kinder machen später dann doch noch mit, wenn sie sehen, dass alles gar nicht so schlimm ist. Traut sich das Kind trotzdem nicht, so sollten Sie im Anschluss etwas spielen, das nicht ganz so konkurrenzbetont ist, so dass sich das Kind nicht wie ein Außenseiter fühlen muss.

Kennen Sie auch ein Kind, das nicht verlieren kann? Ein solcher Partygast kann einem ganz schön auf die Nerven gehen. Schuld tragen zunächst einmal die anderen: »Der

Gewinner hat geschummelt, die Spielregeln sind ungerecht, der Spielleiter parteiisch« und so weiter und so fort. Und schon wird geschimpft, geweint, gestritten. Entpuppt sich eines der Kinder als schlechter Verlierer, so helfen gut gemeinte Worte oft nicht viel. Bevor Sie dem Kind lange und umständlich erklären, warum die Spielregeln durchaus ihren Sinn haben, lenken Sie es lieber ab. Zum Beispiel, indem Sie es im nächsten Spiel zum Spielleiter oder Schiedsrichter machen, so dass es sich selbst von der Gerechtigkeit der Regeln überzeugen kann. Für Verlierer, die einfach nur traurig und enttäuscht darüber sind, dass Sie kein Glück beim Spiel haben, können Sie einen kleinen Trostpreis bereithalten. Auch diese Kinder lassen sich in der Regel wieder aufmuntern, indem Sie ihnen eine wichtige Aufgabe übertragen.

Ein gelungener Abschluss

Der richtige Abschluss kommt bei einem Kindergeburtstag in der Praxis oft zu kurz. Meist fällt die Party einfach so auseinander, zum Beispiel weil einige Kinder bereits abgeholt werden, während das letzte Spiel noch läuft. Wenn Sie die Kinder nach der Party selbst nach Hause bringen, so haben Sie die Kontrolle über das Ende des Festes und können es auch ganz bewusst zum Ausklang bringen. Bei Festen, die sich bis in den Abend hineinziehen, kann am Ende schließlich auch noch einmal ein kleiner Imbiss oder ein Abendessen stehen.

Musikalisches Ende

Singen Sie ein gemeinsames Schlusslied oder führen Sie einen Abschlusstanz mit den Kindern durch, bevor Sie die

Gäste in Ihr Auto verladen. Oder wie wäre es mit einem ganzen Schlusskonzert? Hier greifen die Kinder zu allem, mit dem man irgendwie »Musik« machen kann: Töpfe und Pfannen, Kochlöffel, Plastikschüsseln, Kämme, leere Waschmittelbehälter und Ähnliches. Weitere Instrumente können Sie leicht selbst bauen, zum Beispiel aus leeren Papprollen von Küchenrollen oder Toilettenpapier. Kleben Sie die untere Öffnung mit Klebeband zu, füllen Sie dann Erbsen oder Reiskörner in die Rolle und kleben Sie dann auch die obere Öffnung zu. Und schon haben Sie eine klangvolle Rassel! Mit diesen »Instrumenten« begleiten die Kinder das Abschlusslied. Dies kann entweder noch einmal ein »Happy Birthday« oder »Hoch soll er / sie leben« sein oder ein anderes beliebtes Kinderlied. Schön wäre es, wenn jemand das Konzert auf einem richtigen Instrument – Flöte, Gitarre oder Klavier – begleiten könnte, um den richtigen Ton anzugeben.

Freies Spiel

Holen dagegen die Eltern ihre Kinder selbst vom Fest ab, so sollten Sie kurz vor der angegebenen Schlusszeit auf das Ende der Feier hinführen. Oft kommen manche Eltern auch etwas später, so dass nur noch ein paar Kinder übrig sind. Diese dürfen dann ruhig ihren eigenen Spielideen nachgehen. Jetzt ist auch eine gute Gelegenheit, sich die Geburtstagsgeschenke ein wenig näher anzusehen und damit zu spielen.

Gesprächsrunde

Bedenken Sie, dass ein Kindergeburtstag für die kleinen Gäste nicht nur körperlich, sondern auch geistig anstrengend ist. Die Kinder haben vielleicht neue Spielkameraden kennen gelernt und eine Menge Dinge erlebt, die sie erst einmal verarbeiten müssen. Sie können mit der Verarbeitung bereits am Ende des Festes beginnen, zum Beispiel indem Sie sich in einer Runde zusammensetzen und die Kinder fragen, was ihnen denn am Fest am besten gefallen hat. So geben Sie nicht nur den Kindern Gelegenheit, den Nachmittag noch einmal Revue passieren zu lassen, sondern Sie erhalten gleichzeitig ein Feedback auf Ihre Bemühungen. So wissen Sie dann, was Sie beim nächsten Mal noch besser machen können!

Kleine Geschenke

Falls Sie Ihren Gästen kleine Geschenke mitgeben wollen, so ist das Ende der Feier ein guter Zeitpunkt, um diese zu überreichen. Sie können dies zum Beispiel im Rahmen eines Angelspiels tun, das Sie ganz leicht selbst basteln können. Nehmen Sie dazu einen hohen Pappkarton ohne Boden, der als Aquarium dient, und befestigen Sie einen Magneten an einer Schnur. Mit verbundenen Augen darf nun jedes Kind etwas aus dem Aquarium angeln. Der Magnet bleibt dabei an einem Drahtring oder einer Büroklammer hängen, die Sie an den Geschenken angebracht haben.

Kerzen und Lichter

Partys, die draußen – zum Beispiel im Garten oder in einem Park – stattfinden, können mit Kerzen zu einem schönen und feierlichen Abschluss gebracht werden. Hierzu erhält jedes Kind ein Teelicht und zündet es an. Diese Teelichter werden dann in einem Kreis aufgestellt. Befindet sich in der Nähe ein Fluss oder ein Teich, können Sie die Teelichter auch in ein Papierschiffchen setzen und schwimmen lassen. Hübsch ist es auch, wenn Sie jedem Kind eine Wunderkerze geben, die Sie dann gemeinsam abbrennen lassen.

Ankleidespiel

Zum endgültigen Abschluss lässt sich auch das Ankleiden noch unterhaltsam gestalten. Sie als Spielleiter haben dabei das Kommando: »Alle, die einen Hund haben, ziehen sich nun die Schuhe an« oder »Alle Kinder, die eine große Schwester haben, setzen ihre Mütze auf«, lauten zum Beispiel die Befehle. Wie lange das Anziehen dauert, bleibt Ihnen als Spielleiter überlassen. Mit Sätzen wie »Jeder, der heute ein Stück Kuchen gegessen hat ...« oder »Alle, die heute viel Spaß gehabt haben ...« können Sie das Spiel etwas beschleunigen.

3. Kapitel

Spiele für drinnen

Spiele dürfen bei keiner Geburtstagsparty fehlen. Was Sie bei der Auswahl und Durchführung der Spiele beachten sollten, haben Sie bereits im vorhergehenden Kapitel erfahren. Außerdem können Sie natürlich sowohl in der Wohnung als auch draußen spielen – wofür Sie sich entscheiden, wird zu einem wesentlichen Teil von der Jahreszeit bzw. dem Wetter abhängen. In diesem Kapitel finden Sie nun zahlreiche Ideen für Spiele in den eigenen vier Wänden: Spiele zum Kennenlernen und Vorstellen, ein paar Klassiker, Geschicklichkeitsspiele, Kimspiele, kreative Spiele und Bastelideen, Sprach- und Ratespiele, Spielideen zum Zuschauen und Spiele mit Musik.

Spiele zum Kennenlernen

Am Anfang einer Geburtstagsparty sollten die Kinder, die sich noch nicht kennen, die Gelegenheit bekommen, die Namen der Anwesenden zu erfahren, sich gegenseitig besser kennen zu lernen und miteinander Kontakt aufzunehmen. Für diesen Zweck gibt es eine ganze Reihe von Spielen.

Mein rechter, rechter Platz ist frei ... (ab 4)

Dieses bekannte Spiel eignet sich sehr gut, um die Namen aller Kinder zu hören und zu lernen. Die Kinder sitzen dabei in einem Kreis, ein Platz bleibt frei. Das Kind, dessen rechter Platz frei ist, beginnt und sagt: »Mein rechter,

rechter Platz ist frei, da wünsch' ich mir den David herbei.« David setzt sich auf den freien Platz. Das Kind, dessen rechter Platz gerade frei wurde, ist als Nächstes an der Reihe.

Welches Tier bist du? (ab 4)

Bei diesem Spiel bekommt jedes Kind einen Zettel, auf dem der Name eines Tieres steht (bei sehr kleinen Kindern malen Sie einfach das entsprechende Tier auf den Zettel.) Jedes Tier ist dabei zweimal vertreten. Auf ein Zeichen des Spielleiters öffnen die Kinder die Zettel und lesen, welches Tier sie sind, verraten dies jedoch nicht. Auf ein weiteres Zeichen des Spielleiters imitieren die Kinder die Stimmen des Tieres, das sie darstellen: Der Hund bellt, die Katze miaut und so weiter. An der Stimme erkennen die Kinder ihren Partner. Haben sich die beiden Partner gefunden, so müssen sie schnell zu einem vorher vereinbarten Ziel rennen, zum Beispiel zur Couch oder zu einem Stuhl.

Namen ausschneiden (ab 8)

Bei diesem Spiel teilen Sie die Kinder in zwei Gruppen von etwa vier bis sechs Kindern auf (bei Festen mit mehr Kindern können es auch mehr als zwei Gruppen sein.) Jede Gruppe bekommt nun eine Zeitung, Scheren, Klebestifte und ein großes Stück Pappe. Dann schneiden die Kinder Buchstaben aus der Zeitung aus, setzen daraus die Namen aller anwesenden Kinder zusammen und kleben sie auf die Pappe. Die Gruppe, die nach zehn Minuten die meisten Namen aufgeklebt hat, hat gewonnen. Natürlich dürfen die Kinder zwischendurch aufstehen und andere Kinder nach ihren Namen fragen.

Kegeln

Jedes Kind bekommt einen Kegel, den es mit einem Filzstift beschriftet. Die Kegel werden aufgestellt und die Kinder beginnen der Reihe nach, mit einem Tennisball oder einem anderen kleinen Ball zu kegeln. Fällt ein Kegel um, so muss das Kind, dessen Namen auf dem Kegel steht, hinlaufen und ihn wieder aufstellen. Sieger ist derjenige, dessen Kegel eine ganze Runde lang nicht umfällt.

Ja und Nein (ab 8)

Bei diesem Spiel bekommt jedes Kind fünf Münzen oder Knöpfe in die Hand. Dann suchen sich die Kinder einen Partner, setzen sich mit diesem zusammen und beginnen eine Unterhaltung. Bei dieser Unterhaltung dürfen die Kinder sprechen über was sie wollen. Zwei Worte sind jedoch absolut tabu: »Ja« und »Nein«. Der Trick ist, das andere Kind soweit zu bringen, dass es die verbotenen Worte ausspricht. Wer dies schafft, darf dem Partner eine seiner Münzen geben. Dann suchen sich die beiden Kinder jeweils einen neuen Partner und das Spiel beginnt von neuem. Gewonnen hat derjenige, der zuerst alle seine Münzen oder Knöpfe los geworden ist.

Hast du meinen Bruder gesehen? (ab 6)

Die Kinder stehen im Kreis, ein Kind geht außen um den Kreis herum und bleibt hinter einem anderen Kind stehen. Es fragt: »Hast du meinen Bruder gesehen?« Das andere Kind fragt zurück: »Wie sieht er denn aus?« Das erste Kind beschreibt nun irgendeines der Kinder aus dem Kreis: »Er hat braune Haare und eine Brille ...« Sobald das zweite Kind erraten hat, um wen es sich handelt, sagt das erste Kind »Ja« und läuft so schnell wie möglich um den Kreis herum. Das zweite Kind versucht, das erste Kind zu fangen, bevor es den leer gewordenen Platz im Kreis erreicht. Gelingt ihm das, muss das erste Kind noch einmal auf Geschwistersuche gehen. Erreicht das erste Kind jedoch den leer gewordenen Platz, so muss sich nun das zweite Kind auf Geschwistersuche begeben.

Ein Sturm bläst alle weg (ab 7)

Dieses Spiel eignet sich sehr gut dafür, dass sich die Kinder in der Gruppe durchmischen und miteinander in Kontakt kommen. Alle Kinder sitzen in einem Kreis, eines der Kinder steht in der Mitte des Kreises. Dieses Kind sagt nun: »Ein Sturm bläst alle weg, die ein rotes T-Shirt anhaben« oder »Ein Sturm bläst alle weg, die in meiner Klasse sind« oder »Ein Sturm bläst alle Mädchen weg« und so weiter. Diejenigen Kinder, die »weggeblasen« werden, stehen auf und suchen sich einen neuen Platz, die anderen Kinder bleiben sitzen. Das Kind in der Mitte versucht, während des Tumultes einen freien Platz zu ergattern. Das Kind, das keinen Platz mehr bekommen hat, darf dann im Anschluss tief Luft holen und andere Kinder wegblasen.

Ich schicke ein Päckchen ... (ab 6)

Auch bei diesem Spiel sitzen die Kinder im Kreis. Jedes Kind trägt ein Namensschild, das entweder an der Kleidung angeheftet oder an einem Stück Schnur oder Wolle um den Hals gehängt wird. Ein Kind steht in der Mitte des Kreises und sagt: »Ich schicke ein Päckchen von Marie zu Felix.« Marie und Felix müssen dann schnell aufspringen und die Plätze tauschen. Das Kind in der Kreismitte versucht, einen der leer gewordenen Plätze zu ergattern. Das Kind, welches keinen Platz bekommt, verschickt das nächste Päckchen.

Armer schwarzer Kater (ab 4)

Dieses Spiel dient dazu, das Eis zwischen den Kindern zu brechen und ihnen die Scheu voreinander zu nehmen. Die Kinder sitzen dabei im Kreis, ein Kind sitzt in der Mitte des Kreises und spielt den armen schwarzen Kater. Der arme schwarze Kater hat Hunger und möchte gerne etwas zu fressen haben. Und wer Katzen kennt, weiß, dass sie sich in solchen Fällen durch lautes Schnurren und Miauen bemerkbar machen. Der arme schwarze Kater krabbelt also auf Händen und Füßen zu einem der kleinen Gäste, setzt sich vor ihn hin und schnurrt und miaut in den höchsten Tönen.

Doch das Kind hat leider nichts für den Kater, streichelt ihm stattdessen dreimal über den Kopf und sagt dabei: »Armer schwarzer Kater«. Dabei darf es nicht lachen oder lächeln, denn sonst ist es selbst der nächste arme schwarze Kater.

Der Knoten (ab 7)

Dieses Spiel ist schön für etwa acht bis zehn Kinder. Sind mehr Kinder auf der Geburtstagsfeier, bilden Sie einfach mehrere Knoten. Ein Kind verlässt den Raum, damit es nicht sieht, wie der Knoten gebildet wird. Die anderen Kinder stellen sich im Kreis auf, fassen sich an den Händen und verschlingen sich dann zu einem Knoten. Sie steigen über die Arme hinweg, tauchen darunter hindurch und so weiter, bis sie sich nicht mehr bewegen können. Dabei dürfen sie die Hände nicht loslassen!

Wenn der Knoten »fertig« ist, darf das Kind ins Zimmer zurückkehren und versuchen, den Knoten Schritt für Schritt wieder zu lösen. Auch dabei darf der Handkontakt nicht gebrochen werden.

Bilderrätsel (ab 5)

Dieses Spiel weist Kindern ihren Platz am Esstisch zu. Bei der Ankunft erhält jedes Kind ein Kärtchen mit einem Bild darauf. Auf den Plätzen liegen Kärtchen, die zu diesen Bildern passen, zum Beispiel »Fußball und Tor«, »Strand und Meer« oder »Katze und Maus«.

Zusammengesetzte Wörter (ab 7)

Mit Hilfe dieses Spiels finden die Kinder ebenfalls ihren Platz bei Tisch. Jedes Kind erhält ein Kärtchen, auf dem ein Wort steht. Auf den Plätzen liegen dann ebensolche Kärtchen mit einem jeweils anderen Wort. Die Kinder müssen herausfinden, welches Wort zu dem auf ihrem Kärtchen passt und sich auf diesen Platz setzen. Beispiele sind »Blumen« und »Topf«, »Schnee« und »Mann« oder »Fußball« und »Spiel«.

Klassiker

Die Spiele in den folgenden Abschnitten kennen Sie mit Sicherheit noch aus Ihrer eigenen Kindheit. Sie sind nicht umsonst zu Klassikern geworden, denn auch heute spielen die Kinder sie noch gerne. Allerdings besteht bei diesen Spielen die Gefahr, dass sie auf so gut wie jeder Geburtstagsparty gespielt werden. Unter Umständen müssen Sie dann mit Kommentaren wie »Ach nein, nicht schon wieder!« rechnen. Halten Sie für solche Fälle also lieber auch ein paar außergewöhnliche Spiele parat.

Koffer packen (ab 7)

Die Kinder sitzen im Kreis, ein Kind beginnt: »Ich fahre nach Amerika. In meinen Koffer packe ich einen Schlafanzug.« Das nächste Kind wiederholt den Satz und fügt einen zweiten Gegenstand dazu: »Ich fahre nach Amerika und in meinen Koffer packe ich einen Schlafanzug und eine Badehose.« So geht das Spiel weiter, bis ein Kind in der langen Reihe einen Gegenstand vergisst oder ein Gegenstand doppelt genannt wird.

Stöckchen weitergeben (ab 8)

Bei diesem Spiel ist die Beobachtungsgabe gefragt. Die Kinder sitzen auf Stühlen im Kreis. Der Spielleiter gibt zwei Stöckchen an das erste Kind weiter und sagt dabei entweder: »Ich gebe die Stöckchen gekreuzt weiter« oder »Ich gebe die Stöckchen parallel weiter«. Das Kind gibt die Stöckchen nun in der gleichen Weise an das nächste Kind weiter. Der Spielleiter sagt, ob das Kind die Wahrheit sagt oder lügt. Entscheidend ist bei diesem Spiel jedoch nicht die Haltung der Stöckchen, sondern die der Beine. Hat ein Kind die Beine nebeneinander auf dem Boden stehen, so gibt es die Stöckchen parallel weiter, hat es seine Beine übereinander geschlagen, sind auch die Stöckchen gekreuzt. Das Spiel geht so lange weiter, bis die Kinder dieses Schema durchschaut haben.

Topf schlagen (ab 4)

Für dieses Spiel brauchen Sie einen Topf, einen Kochlöffel, eine Augenbinde und kleine Geschenke und Gewinne oder Süßigkeiten, die Sie in den Topf geben können. Ein Kind verlässt das Zimmer, unterdessen verstecken die anderen Kinder den Topf irgendwo im Raum. Und zwar mit dem Boden nach oben, darunter befindet sich ein kleines Geschenk. Dem Kind werden die Augen verbunden, es wird wieder ins Zimmer hereingeführt und dreimal im Kreis gedreht, so dass es die Orientierung verliert. Mit dem Kochlöffel in der Hand krabbelt es nun am Boden herum und begibt sich auf die Suche nach dem Topf. Die anderen Kinder helfen ihm ein wenig, indem Sie »heiß« rufen, sobald sich das Kind dem Topf nähert und »kalt«, wenn es sich wieder davon entfernt. Hat das Kind dann den Topf gefunden, darf es natürlich behalten, was es darunter findet!

Ich sehe was, was du nicht siehst ... (ab 4)

Dieses Spiel geht gar nicht schwer. Ein Kind beginnt: »Ich sehe was, was du nicht siehst, und das ist grün.« Die anderen Kinder müssen erraten, um was es sich handelt.
Sie können dieses Spiel auch variieren: »Ich sehe was, was du nicht siehst, und das fängt mit ›A‹ an.«

Zublinzeln (ab 5)

Dieses Spiel ist für eine ungerade Anzahl von Kindern geeignet – oder Sie spielen einfach selbst mit. Die Hälfte der Kinder sitzt auf Stühlen im Kreis, die andere Hälfte steht dahinter, die Hände hinter dem Rücken gekreuzt. Ein Stuhl bleibt frei. Das Kind, vor dem der leere Stuhl steht, muss sich nun einen Partner suchen. Dazu blinzelt es einem sitzenden Kind zu, das dann aufsteht und zum freien Stuhl läuft. Merkt das Kind hinter dem Stuhl jedoch, dass sich sein Partner aus dem Staub machen will, so versucht es, diesen festzuhalten. Entwischt das Kind, muss sich das verlassene Kind durch Zublinzeln einen neuen Partner suchen.

Die Reise nach Jerusalem (ab 5)

Für dieses Spiel benötigen Sie Stühle, und zwar einen Stuhl weniger, als Mitspieler vorhanden sind. Die Stühle werden mit den Lehnen gegeneinander in einer Reihe aufgestellt. Der Spielleiter macht nun die Musik an und die Kinder gehen um die Stühle herum. Bricht die Musik ab, so muss jedes Kind versuchen, so schnell wie möglich einen Stuhl zu ergattern. Wer keinen erwischt, scheidet aus. Dann wird ein Stuhl weggenommen und das Spiel geht in die nächste Runde.

Alle Vögel fliegen hoch ... (ab 5)

Bei diesem Spiel sitzen alle Kinder am Tisch und trommeln mit den Zeigefingern gegen die Tischkante, immer gleichmäßig, ohne abzubrechen. Der Spielleiter sagt nun: »Alle Vögel fliegen hoch« und die Kinder heben die Hände in die Luft über den Kopf. Dann trommeln die Kinder weiter. Der Spielleiter kann auch sagen »Alle Bienen fliegen hoch«, »Alle Störche fliegen hoch«, »Alle Amseln fliegen hoch« und so weiter. Dann heben die Kinder ihre Hände ebenfalls wieder nach oben. Er kann aber auch verkünden: »Alle Hunde fliegen hoch«, »Alle Pinguine fliegen hoch« oder »Alle Schafe fliegen hoch«. Die Kinder wissen: Diese Tiere können nicht fliegen und trommeln daher weiter. Wer einen Fehler macht und trotzdem die Hände nach oben hebt, muss ein Pfand abgeben.

Personen raten (ab 10)

Dieses Ratespiel ist ein echter Klassiker. Dabei verlässt ein Kind den Raum, die anderen einigen sich auf eine Person, die alle Kinder kennen. Dies kann entweder ein anderes Kind, ein Lehrer, ein Popstar oder ein Sportler sein – wichtig ist nur, dass die Person wirklich allen Kindern bekannt ist. Nun darf das Kind wieder ins Zimmer kommen und versuchen, die betreffende Person zu erraten – und zwar mit Fragen, auf die man nur mit »Ja« oder »Nein« antworten kann. »Ist es ein Mann? Ist es ein Kind? Kenne ich die Person persönlich? Ist die Person heute hier anwesend?« und so weiter. Gelingt es dem Kind, die gesuchte Person mit weniger als 15 Fragen zu erraten, bekommt seine Mannschaft einen Punkt.

Fische fangen (ab 5)

Alle Kinder legen ihre Hände flach auf den Tisch, ein Kind ist der Fischer und wischt mit der flachen Hand in der Tischmitte im Kreis herum. Dabei sagt es: »Ich fische, ich fische, auf diesem großen Tische. Ich hab die ganze Nacht gefischt und keinen einzigen Fisch erwischt.« Dann versucht es, einen Fisch, sprich: eine Hand, zu fangen und wegzuziehen. Wer gefangen wird, wird entweder der nächste Fischer oder gibt ein Pfand ab.

Schokolade essen (ab 6)

Dieses Spiel ist bei Kindern seit Jahrzehnten sehr beliebt, nicht zuletzt deshalb, weil die Aussicht auf etwas Süßes winkt. Dazu wird eine Tafel Schokolade verpackt und verschnürt. Außerdem benötigen Sie eine Mütze, einen Schal und Handschuhe. Die Kinder würfeln der Reihe nach. Wer eine Sechs gewürfelt hat, zieht schnell Mütze, Schal und Handschuhe an und versucht, mit Messer und Gabel die Schokolade auszupacken. Das geht nicht so einfach, denn die anderen Kinder würfeln unterdessen weiter. Sobald ein Kind eine Sechs gewürfelt hat, muss der Schokoladenauspacker Mütze, Schal und Handschuhe wieder ausziehen und an dieses Kind abtreten. Wer die Schokolade schließlich ausgepackt hat, hat gewonnen (trotzdem darauf achten, dass die Tafel – oder das, was davon übrig ist – nicht ganz alleine vom Gewinner aufgegessen, sondern untereinander gerecht aufgeteilt wird!)

Blinde Kuh (ab 6)

Auch dieses Spiel ist ein echter Klassiker. Alle, die es schon lange nicht mehr gespielt haben und daher ein wenig Nachhilfe brauchen, finden hier noch einmal die Regeln.
Der Spielleiter verbindet einem Kind die Augen, stellt es in die Mitte des Raumes und dreht es dreimal herum, so dass es ein wenig die Orientierung verliert. Die anderen Kinder gehen nun im Zimmer umher, rufen die »blinde Kuh«, versuchen jedoch, sich nicht von ihr fangen zu lassen. Gelingt es der blinden Kuh, eines der Kinder zu berühren, so muss dieses still stehen bleiben. Die blinde Kuh versucht dann über Tasten herausfinden, wen sie da gefangen hat. Errät sie den Namen des Kindes, wird dieses die nächste blinde Kuh.
Achtung! Passen Sie als Spielleiter auf, dass die blinde Kuh nicht stolpert oder gegen Möbelstücke rennt und sich am Ende noch verletzt oder etwas herunterwirft.

Hänschen, piep einmal! (ab 6)

Die Kinder sitzen auf Stühlen im Kreis. Ein Kind steht in der Mitte und bekommt die Augen verbunden. Dann wird es dreimal im Kreis gedreht, so dass es die Orientierung verliert. Das Kind geht dann zu einem Kind im Kreis, setzt sich auf dessen Schoß und sagt: »Hänschen, piep einmal!« Das angesprochene Kind piepst nun dreimal, darf dabei aber seine Stimme verstellen. Errät das »blinde« Kind, auf wessen Schoß es sitzt, ist dieses Kind als Nächstes mit dem Raten dran. Erkennt das Kind die Stimme jedoch auch beim dritten Mal nicht, muss es sich auf einen anderen Schoß setzen und dort sein Glück versuchen.

Mörder und Detektiv (ab 10)

Für dieses Spiel brauchen Sie ein Papierkärtchen für jedes Kind. Spielen Sie in einem Zimmer, das sich gut verdunkeln lässt, zum Beispiel mit Jalousien. Beschriften Sie je eine Karte mit »Mörder« und »Detektiv«, die anderen Kärtchen mit »Zeuge«. Jedes Kind zieht nun eine Karte aus einem Hut, darf aber nicht verraten, welche Rolle ihm zugeteilt wurde.
Nun löschen Sie das Licht im Raum und geben den Kindern ein wenig Zeit, um sich an die Dunkelheit zu gewöhnen. Geben Sie das Startsignal. Nun sucht sich der Mörder sein Opfer. Er »ermordet« es, in dem er ihm die Hand auf die Schulter legt. Das Opfer bleibt still stehen, zählt in Gedanken bis fünf, um dem Mörder etwas Zeit zu geben, sich vom Tatort zu entfernen, und sinkt dann mit einem Schrei zu Boden. Nun schalten Sie das Licht wieder ein. Niemand darf sich von der Stelle rühren. Der Detektiv gibt sich zu erkennen und beginnt mit seiner Arbeit. Er verhört die verschiedenen Zeugen, die Spieler müssen wahrheitsgemäß antworten. Lediglich der Mörder darf lügen. Glaubt der Detektiv, den Mörder erkannt zu haben, so darf er diesen mit den Worten »Du warst es« anklagen. Insgesamt hat er drei Versuche – gelingt es ihm nicht, den Täter herauszufinden, gibt sich der Mörder zu erkennen.
Was passiert jedoch, wenn der Mörder versehentlich den Detektiv ermordet? In diesem Fall gibt der Detektiv keinen Schrei von sich – so merkt der Mörder, dass er sich ein neues Opfer suchen muss.

Hund und Knochen (ab 5)

Ein Kind wird zum Hund bestimmt und sitzt mit verbundenen Augen auf dem Boden. Vor sich hat es einen »Knochen«, also irgendeinen Gegenstand, den es bewachen muss. Die anderen Kinder wollen diesen Knochen stehlen und versuchen, sich vorsichtig und lautlos anzuschleichen, damit ihnen das auch gelingt. Doch Vorsicht! Wenn der Hund etwas hört, so zeigt er in die Richtung, aus der das Geräusch kam, und bellt. Dieser »Dieb« muss dann wieder an seinen Ausgangspunkt zurückkehren. Gelingt es einem Kind, den Knochen zu stehlen, so wird es der nächste Hund. Schafft es der Hund dagegen dreimal, einen Dieb zu erwischen, so wird er abgelöst und darf seinen Nachfolger selbst bestimmen.

Geschicklichkeitsspiele

Bei den folgenden Spielen sollen die Kinder ihre Geschicklichkeit unter Beweis stellen. Dabei gilt es, knifflige Aufgaben zu bewältigen – wer dabei die beste Figur abgibt, hat gewonnen!

Fang den Ball (ab 5)

Für dieses Spiel brauchen Sie einen Jogurtbecher, zwei Streichhölzer, eine etwa 50 cm lange Schnur und einen Tischtennisball. Bohren Sie ein Loch unten in den Jogurtbecher, ziehen Sie die Schnur hindurch und knoten Sie diese Schnur innen um ein Streichholz, so dass sie nicht wieder hinausrutschen kann. An das andere Ende der Schnur binden Sie ebenfalls ein Streichholz und stecken es durch ein Loch in den Tischtennisball. Nun versuchen die Kinder den Ball mit dem Becher zu fangen. Jedes Kind hat zehn Versuche – wer es am öftesten schafft, hat gewonnen.

Eine Schlange aus Zeitungspapier (ab 6)

Bei diesem Spiel bekommt jedes Kind eine doppelte Zeitungsseite. Auf ein Kommando hin versuchen die Kinder, aus der Zeitung eine möglichst lange Schlange zu reißen. Wer nach drei Minuten die längste Schlange hat, hat gewonnen.

Ballon-Wettlauf (ab 8)

Dieses Spiel sollte in einem langen Raum, zum Beispiel in einem Gang oder einem großen Wohnzimmer stattfinden. Teilen Sie zwei Mannschaften ein und organisieren Sie zudem zwei Luftballons in verschiedenen Farben.
Auf ein Startsignal hin laufen die ersten beiden Kinder jeder Mannschaft los – von einer Seite des Zimmers oder des Ganges zur gegenüberliegenden Wand. Dabei müssen sie den Ballon mitnehmen, dürfen diesen aber nicht mit der Hand fest halten, sondern ihn allein mit den Händen und Füßen schlagen oder stoßen. Von der gegenüberliegenden Wand geht es wieder zurück zum Ausgangspunkt, dann ist das nächste Kind an der Reihe. Die Mannschaft, die als erste fertig ist, gewinnt.

Tischfußball (ab 8)

Auch hier werden die Kinder wieder in zwei Gruppen eingeteilt. Sie sitzen sich an den zwei Enden eines Tisches gegenüber. Auf dem Tisch markieren zwei Ziellinien die jeweiligen Tore. In der Mitte des Tisches liegt ein ausgeblasenes Ei oder ein Tischtennisball. Auf ein Startsignal hin beginnen die Kinder zu blasen und versuchen so, den Ball ins gegnerische Tor zu jagen. Wer nach fünf Minuten die meisten Tore »geschossen« hat, darf sich Sieger nennen.

Der Wächter (ab 8)

Ein Kind wird zum Wächter ernannt. Es hat eine schwierige Aufgabe zu bewältigen: Es muss nämlich einen Gegenstand, zum Beispiel einen Apfel oder einen Ball, bewachen. Dazu steht es breitbeinig in der Mitte des Zimmers, der »Schatz« liegt zwischen den Beinen am Boden. Die anderen Kinder versuchen nun, dem Wächter den Schatz zu rauben, indem sie den Schatz entweder mit den Händen oder den Füßen wegstoßen. Doch Vorsicht! Wenn der Wächter einen der Räuber berührt, wird dieser zum neuen Wächter. Dies ist die einzige Möglichkeit des Wächters, die Räuber abzuwehren, denn er darf den Schatz nicht mit den Händen oder Füßen berühren oder gar festhalten. Gelingt es einem Kind, den Schatz zu rauben, so bekommt es einen Punkt. Sieger ist, wer nach zehn Minuten die meisten Punkte gesammelt hat.

Kimspiele

Die so genannten Kimspiele sprechen die verschiedenen Sinne der Kinder an. Meist verlassen wir uns zu sehr auf unseren Gesichtssinn, dabei sind unsere übrigen Sinne genauso wichtig. Deshalb geht es bei dieser Auswahl von Spielen ums Hören, Riechen, Schmecken und Tasten. Der Name »Kimspiele« geht übrigens auf den Roman »Kim« des englischen Schriftstellers Rudyard Kipling zurück, in welchem die Hauptperson ihre Beobachtungsgabe an einer Reihe verschiedener Aufgaben schulen und unter Beweis stellen musste.

Welches Geräusch ist das? (ab 4)

Bei diesem Spiel geht es – wie man dem Namen leicht entnehmen kann – um den Hörsinn. Einem Kind werden die Augen verbunden, die anderen Kinder machen Geräusche, welche das Kind erraten muss. Sie können zum Beispiel mit den Fingern schnippen, Saft in ein Glas eingießen, ein Stück Papier zerreißen, etwas auf den Boden fallen lassen und so weiter. Rät das Kind dreimal falsch, ist der Nächste an der Reihe.

Was riechst oder schmeckst du da? (ab 6)

Hier werden Geruchs- und Geschmackssinn angesprochen. Bereiten Sie vorher einige Dinge vor, die die Kinder riechen bzw. schmecken können. Diese Dinge sollten natürlich möglichst unterschiedlich sein, zum Beispiel:

- Zum Riechen: Kaffee, Essig, eine Rose, Nagellackentferner, Spülmittel, eine Zitrone oder Parfüm.
- Zum Schmecken: Schokolade, Ananas, Zwiebel, Paprika, Tomate, saure Gurke, Chips, Schlagsahne oder ein Gummibärchen.

Dann verbinden Sie einem Kind die Augen und halten ihm die Duftstoffe unter die Nase bzw. stecken ihm die Geschmacksproben in den Mund. Wichtig ist, dass das Kind die Dinge nicht berührt, denn so kann es seinen Tastsinn nicht zusätzlich benutzen.
Jeder, der schon einmal einen richtigen Schnupfen hatte, weiß nur zu gut, dass der Geschmackssinn beeinträchtigt ist, solange unsere Nase »zu« ist. Sie können den Geschmackstest noch zusätzlich erschweren, indem Sie dem Kind die Nase zuhalten.

Was ist das? (ab 6)

Nun ist der Tastsinn an der Reihe: Die Kinder sitzen an einem Tisch, welcher mit einem lang überhängenden Tischtuch bedeckt ist. Unter diesem Tischtuch werden nun die unterschiedlichsten Gegenstände von Hand zu Hand weiter gegeben – die Kinder müssen erraten, worum es sich handelt. Wählen Sie für dieses Spiel möglichst unterschiedliche Gegenstände, zum Beispiel einen nassen Schwamm, einen Tischtennisball, einen Mohrenkopf, eine Badeente, einen Radiergummi und so weiter.

Wie fühle ich mich? (ab 6)

Oft verlassen wir uns zu sehr auf unsere sprachlichen Fähigkeiten, um unsere Gedanken und Gefühle auszudrücken. Deshalb geht es bei den nächsten beiden Spielen darum, sich ohne die Hilfe von Worten verständlich zu machen.
Schreiben Sie verschiedene Gefühlszustände auf kleine Zettel, zum Beispiel: glücklich, traurig, müde, hungrig, krank, nervös, ängstlich und so weiter. Dann zieht jedes Kind einen Zettel und stellt das darauf beschriebene Gefühl allein über Mimik, Gestik und Körpersprache dar. Die anderen Kinder müssen erraten, wie sich das Kind fühlt.

Was bin ich? (ab 6)

Dieses Spiel ist eine Variation von »Wie fühle ich mich?« Dieses Mal schreiben Sie Berufe auf die Zettel, zum Beispiel »Lehrer, Lokomotivführer, Bauarbeiter, Arzt, Schuster, Verkäufer« und so weiter. Auch hier zieht wieder jedes Kind einen Zettel und versucht, den jeweiligen Beruf spielerisch darzustellen.
Nehmen Sie Tiere, die die Kinder darstellen müssen als weitere Variante. Laute dienen dabei als Hilfestellung, reden dürfen die Kinder dabei nicht.

Der geheimnisvolle Sack (ab 6)

Für dieses Spiel benötigen Sie einen großen Sack und etwa zehn bis fünfzehn verschiedene Gegenstände. Zum Beispiel:

einen Apfel, Schlüssel, einen Tennisball, Spielzeuge und so weiter. Die Gegenstände sollen möglichst unterschiedliche Formen, Oberflächen und Materialien aufweisen. Außerdem benötigen Sie Papier und Bleistift für jedes Kind.
Geben Sie die Gegenstände in den Sack. Die Kinder dürfen die Dinge vorher nicht sehen. Dann darf ein Kind in den Sack hineingreifen, die Gegenstände in die Hand nehmen und betasten. Es hat dazu genau zwei Minuten Zeit. Nach Ablauf dieser Frist geht es auf seinen Platz zurück und notiert all die Dinge, die es erkannt hat oder glaubt, erkannt zu haben. Dann ist das nächste Kind an der Reihe. Sieger ist, wer die meisten Gegenstände richtig erkannt hat.

Kreative Spiele und Bastelideen

Bei einem Kindergeburtstag können Sie auch die Kreativität der Kinder anregen und herausfordern. Entweder mit Spielen, die viel Fantasie erfordern, oder mit lustigen Bastelideen.

Montagsmaler (ab 7)

Die Fernsehsendung »Montagsmaler« gibt es zwar seit langem nicht mehr, aber vielleicht ist sie Ihnen ja noch aus Ihrer eigenen Kindheit und Jugend bekannt? Kinder von heute haben trotzdem ihre Freude daran!
Nehmen Sie eine große Schreibtafel oder alternativ mehrere große Stücke Papier, die alle Kinder gut sehen können. Teilen Sie die Kinder in zwei Gruppen ein. Jede Gruppe erstellt nun eine Liste mit Begriffen, die gemalt und dann erraten werden müssen, und übergibt diese Liste Ihnen, dem Spielleiter. Die jeweils andere Gruppe darf diese Begriffe natürlich nicht mitbekommen. Winken Sie ein Kind zu sich und flüstern ihm einen Begriff, den sich die gegnerische Gruppe ausgedacht

hat, ins Ohr. Das Kind malt diesen Begriff nun an die Tafel und die Kinder aus seiner Gruppe müssen erraten, um was es sich handelt.

Geschichte aus vier Wörtern (ab 9)

Schreiben Sie vier Hauptwörter, die möglichst wenig miteinander zu tun haben, auf einen Zettel. Zum Beispiel »Handtasche, Elefant, Luftmatratze, Waschpulver«. Die Kinder müssen sich nun eine Geschichte ausdenken, in der diese vier Wörter vorkommen. Wer erfindet die lustigste Geschichte?

Tanz mit Bildern (ab 6)

Die Kinder stehen im Kreis. Jedes Kind hat vor sich am Boden ein Blatt Papier und einen Filzstift liegen. Nun schalten Sie das Radio an und die Kinder gehen im Kreis um die Papierbögen herum. Schalten Sie dann die Musik wieder aus. Jedes Kind beginnt nun auf dem Blatt Papier, vor dem es gerade steht, etwas zu malen. Doch dann geht plötzlich die Musik wieder an, die Kinder gehen weiter. Bei der nächsten Unterbrechung steht jedes Kind dann vor einem anderen Blatt Papier und malt das Bild seines Vorgängers weiter.

Tipp

Bei älteren Kindern können Sie ein bestimmtes Thema vorgeben. Zum Beispiel: » Schule, Urlaub, Dschungel« oder Ähnliches.

Abenteuerliche Verkleidung (ab 6)

Für dieses Spiel brauchen Sie jede Menge Kleidungsstücke in Kindergröße aber auch in Erwachsenengröße: Hosen, T-Shirts, Jacken, Socken, Pullis, Röcke, Kleider, Hüte und so weiter – aber auch ausgefallenere Klamotten wie Skibrille, Taucherbrille oder Flossen dürfen Sie gerne darunter mischen. Häufen Sie all diese Kleidungsstücke in der Mitte des Zimmers auf und geben Sie dann ein Startsignal. Von da an haben die Kinder eine Minute Zeit, sich so viele Klamotten wie möglich anzuziehen. Wer schließlich am meisten anhat, gewinnt. Einen Extrapreis können Sie dem Kind mit der lustigsten Verkleidung verleihen.

Ein besonderes Denkmal (ab 8)

Hat es das Geburtstagskind etwa nicht verdient, an seinem Jubeltag mit einem Denkmal geehrt zu werden? Sammeln Sie dazu alle möglichen Dinge, die Sie in Ihrem Haushalt auftreiben können, die aber normalerweise in den Müll wandern würden: Schachteln und Kartons, Papprollen, Alufolie, Lametta, Dosen, Tuben, buntes Papier, Stoffreste, Knöpfe, Schnüre, Plastikbecher und so weiter. Beginnen Sie schon frühzeitig mit dem Sammeln. Außerdem benötigen Sie Klebestifte, Tesafilm, einen Tacker, Schnüre und Bänder sowie Farben und Stifte.
Aus all diesen Dingen bauen die Kinder dann ein Denkmal: Kleben, stecken und heften die Gegenstände zusammen, bis daraus ein wahres Kunstwerk entstanden ist. Diesem können Sie dann einen imposanten Namen geben. Vielleicht wollen Sie auch den Kindern von vornherein ein Thema vorgeben, zum Beispiel »Besuch vom Planeten Fantastix« oder ein »Pferdehummelschweineelefant«!
Ist das Denkmal vollendet, so verbergen Sie es unter einem Leintuch und enthüllen es dann feierlich. Natürlich knipsen Sie die Erbauer mit ihrem Denkmal.

Klebebilder (ab 6)

Auch hier dürfen Sie wieder all ihre Schubladen nach brauchbaren Materialien durchforsten: Kronkorken, Knöpfe, Wollfäden, bunte Papierfetzen, Pfeifenputzer, Blätter, Samen, Reiskörner, Stöckchen, Deckel von Jogurtbechern, Alufolie und so weiter. Dinge, an die Sie meist keinen zweiten Gedanken verschwenden, eignen sich nämlich ganz hervorragend als Bastelmaterial. Außerdem benötigen Sie Klebstoff, Klebestifte, Tesafilm und Papier. Aus all diesen Materialien gestalten die Kinder nun ein Bild. Entweder fertigen alle Kinder gemeinsam ein Bild an – dann sollten Sie vorher ein Thema festlegen – oder aber jedes Kind bastelt sich ein eigenes Bild ganz nach seinen Vorstellungen.

Schiffsregatta (ab 4)

Bei diesem Spiel bastelt sich jedes Kind ein Papierschiffchen. Kindern, die das noch nicht können, helfen Sie ein wenig. Wichtig ist, dass die Papierbögen, aus denen die Schiffe angefertigt werden, alle gleich groß sind, damit später auch die Schiffe die gleiche Größe haben. Schreiben Sie dann in großen Buchstaben auf jedes Schiff den Namen des Kindes. Kinder, die noch nicht lesen können, sollten Schiffe in verschiedenen Farben bekommen, damit sie ihr eigenes Schiff gut erkennen können.
Setzen Sie nun alle Schiffe an den Rand eines großen Tisches. Auf Ihr Startsignal hin versuchen die Kinder nun, ihr Schiff durch Pusten über den Tisch zu treiben. Dasjenige Schiff, welches zuerst die andere Seite des Tischs erreicht, hat gewonnen.
Ein wenig Abwechslung bringt die folgende Variante: Die Kinder versuchen, die gegnerischen Schiffe vom Tisch zu pusten. Wessen Schiff vom Tisch fällt, der bekommt einen Minuspunkt.

Püppchen basteln (ab 5)

Dazu brauchen Sie Pfeifenreiniger und kleine Wattekugeln in verschiedenen Größen (für Köpfe, Hände und Füße).

Aus diesen Materialien basteln die Kinder dann kleine bewegliche Püppchen, mit denen sie anschließend spielen können. Aus Stoffstückchen können die Kinder zusätzlich Kleider für die Püppchen machen. Für ein Kleid schneiden sie ein Loch in die Mitte eines runden Stück Stoffes, ziehen es dem Püppchen über den Kopf und befestigen es mit einem Gürtel aus einem Wollfaden. Eine Hose kleben die Kinder an den Nähten zu. Bei Geburtstagen im Herbst können Sie mit den Kindern einen Spaziergang im Wald oder in einem Park machen und dabei selbst Bastelmaterialien für Püppchen sammeln: Kastanien dienen als Köpfe, Eicheln als Hände und Füße. Diese Körperteile stecken Sie dann mit Streichhölzern zusammen. Aus bunten Blättern basteln Sie die Kleider.

Sprach- und Ratespiele

Mit Sprach- und Ratespielen können Sie die grauen Zellen Ihrer kleinen Gäste etwas ankurbeln. Am besten bilden Sie dazu zwei oder mehrere Mannschaften. Jedes dieser Teams bekommt ein Tier zugeteilt, zum Beispiel »Hund«, »Katze«, »Kuh« oder »Schaf«. Derjenige, der die richtige Antwort weiß, meldet sich mit der Stimme »seines« Tieres – also »Wau«, »Miau«, »Muh« oder »Mäh« – und darf dann die Antwort verkünden. Für jede richtige Antwort gibt es einen Punkt; die Gruppe, die die meisten Punkte gesammelt hat, ist Sieger. Für einen richtigen »Rate-Marathon« können Sie Elemente aus den einzelnen Spielen kombinieren.

Scherzfragen (ab 4)

Was ist tagsüber leer und in der Nacht voll? *(Das Bett)*
Welcher Ring ist nicht rund? *(Der Hering)*

Welches Wort wird immer falsch geschrieben? *(Das Wort »falsch«)*
Welche Krankheit kennt man auf dem Land nicht? *(Die Seekrankheit)*
Welches Kind kommt mit einem Schnurrbart auf die Welt? *(Das Katzenkind)*
Was für Steine findet man im Ärmelkanal? *(Nasse Steine)*
Was ist mitten in Paris? *(Ein »r«)*
In welchem Monat essen die Chinesen am wenigsten? *(Im Februar, weil er die wenigsten Tage hat)*
Wer kann alle Sprachen sprechen? *(Das Echo)*
Welche Speisen kann man nicht zum Frühstück essen? *(Mittagessen und Abendessen)*
Welches Tier hat immer einen Kamm bei sich, obwohl es keine Haare hat? *(Der Hahn)*
Was steht mitten im Feuer, verbrennt aber trotzdem nicht? *(Der Buchstabe »u«)*

Kein und ohne (ab 10)

Bei diesem Spiel treten zwei Gruppen gegeneinander an. Ein Kind fängt mit einem Satz an, der die Worte »kein« und »ohne« enthalten muss, also zum Beispiel »Kein Fußballspiel ohne Tor«. Darauf müssen alle anderen Kinder aus beiden Gruppen einen Satz bilden, der sich auf diese Aussage reimt und ebenfalls die Worte »kein« und »ohne« enthält. Zum Beispiel: »Kein Mensch ohne Ohr«. Das Kind, welches den ersten Satz gefunden hat, gewinnt für seine Gruppe einen Punkt. Außerdem darf sich seine Gruppe den nächsten Satz ausdenken. Weitere Beispiele sind: »Kein Schuh ohne Sohle« und »Kein Ofen ohne Kohle« oder »Keine Maus ohne Loch« und »Keine Küche ohne Koch«. Ist eine Aussage so schwer, dass sich kein Reim darauf finden lässt, bekommt niemand einen Punkt.

Das verbotene Wort (ab 8)

Dieses Spiel geht so ähnlich wie »Ja oder Nein« aus dem Kapitel »Spiele zum Kennenlernen«. Auch hier werden Wörter festgelegt, die in einer Unterhaltung nicht verwendet werden dürfen, zum Beispiel »Ja« oder »Nein«, »Ich« oder »Du« oder andere häufige Wörter. Ein Kind wird nun zum Interviewer ernannt. Es stellt einem anderen Kind eine Frage. Das befragte Kind muss innerhalb von fünf Sekunden antworten. Dabei darf es aber nicht das verbotene Wort verwenden, sonst scheidet es aus. Dem Kind, welches am längsten durchhält, wird bei der nächsten Runde die Interviewer-Rolle zugeteilt.

Wörter nach dem ABC (ab 6)

Die Kinder gehen die Buchstaben des Alphabets durch, sehen sich im Raum um und suchen einen Gegenstand, der mit dem jeweiligen Buchstaben beginnt. Zum Beispiel Apfel wie A, Buch für B, Couch für C, Decke für D und so weiter. Wenn niemandem zu einem Buchstaben etwas einfällt, kommt der nächste Buchstabe dran. Das Kind, das als Erstes einen Gegenstand nennen kann, gewinnt einen Punkt für seine Mannschaft.

Tipp

Sie können dieses Spiel auch variieren und ein bestimmtes Thema vorgeben, zum Beispiel »Tiere«, »Ferien« oder »Dinge, die man in der Schule sieht«.

Sätze bilden (ab 10)

Bei diesem Spiel gibt ein Kind ein Wort vor, das zwischen vier und sechs Buchstaben hat. Die anderen Kinder müssen nun einen Satz bilden, dessen Wörter mit den Buchstaben des vorgegebenen Wortes beginnen – und zwar in der richtigen Reihenfolge. Ein Beispiel: Das vorgegebene Wort heißt »Katze«. Daraus entsteht der Satz: »Keine alte Tante zieht ein« oder »Komme aber trotzdem zum Essen.« Das Kind, das als Erstes einen Satz gebildet hat, gewinnt für seine Gruppe einen Punkt und darf das nächste Wort vorgeben.

Spitz, pass auf! (ab 7)

Bei diesem Frage-und-Antwort-Spiel einigen sich die Kinder auf einen Buchstaben, den sie auf keinen Fall benutzen dürfen, zum Beispiel »T«. Ein Kind stellt nun seinem linken Nachbarn eine Frage, die dieser beantworten muss, ohne dass in seiner Antwort der Buchstabe »T« vorkommt. Der Fragende hingegen darf alle Buchstaben verwenden. Wenn das antwortende Kind einen Fehler macht, fangen die anderen Kinder laut zu jaulen an. Dann stellt dieses Kind wiederum seinem linken Nachbarn eine Frage. Macht ein Kind später einen zweiten Fehler, bellen die anderen, beim dritten Fehler knurren sie schließlich und das Kind scheidet aus.

Stille Post für Fortgeschrittene (ab 8)

Das Spiel »Stille Post« kennt jeder. Für Vergessliche hier noch einmal schnell die Erklärung: Die Kinder sitzen im Kreis, ein Kind denkt sich ein Wort aus und flüstert es seinem linken Nachbarn ins Ohr. Dieser gibt es dann an seinen linken Nachbarn weiter und so weiter und so fort, bis das Wort am Ende der Runde wieder bei seinem Erfinder angekommen ist. Aber ist es wirklich noch dasselbe Wort?
Bei der Variante für Fortgeschrittene wird nun nicht mehr ein einzelnes Wort weitergegeben, sondern eine kleine Geschichte, die aus drei bis vier Sätzen besteht. Wetten, dass

am Ende die haarsträubendsten Gerüchte und die lustigsten Sätze herauskommen?

Fünf Wörter (ab 8)

Die Kinder sitzen im Kreis und reichen einen kleinen Ball herum. Ein Kind steht in der Mitte und hält die Augen geschlossen. Dann klatscht es in die Hände. Das Kind, welches zu diesem Zeitpunkt gerade den Ball in den Händen hält, muss sich einer Aufgabe stellen. Der Spieler in der Mitte wählt dazu einen Buchstaben aus dem Alphabet aus und sagt zum Beispiel: »Nenne fünf Wörter, die mit ›L‹ anfangen!« Das Kind, dem diese Aufgabe gestellt wird, muss nun zwei Dinge tun: Zuerst muss es den Ball weitergeben, dann muss es fünf Wörter nennen, die mit »L« anfangen, also zum Beispiel »Löffel, Laus, Land, Leckerbissen, Langeweile«. Gelingt ihm dies, bevor der Ball wieder bei ihm angekommen ist, gewinnt das Kind einen Punkt für seine Gruppe und darf als Nächstes in die Mitte.

Wörterketten (ab 5)

Die Kinder sitzen im Kreis zusammen, ein Kind beginnt und gibt ein Wort vor, zum Beispiel »Maus«. Das nächste Kind muss dann ein Wort nennen, das mit dem letzten Buchstaben dieses Wortes beginnt, zum Beispiel »Sonne«. Dann folgen »Esel«, »Licht«, »Tee« und so weiter und so fort.

Eine Geschichte erfinden (ab 6)

Die Kinder sitzen im Kreis zusammen. Ein Kind fängt an und sagt ein Wort, zum Beispiel »Der«. Das nächste Kind fügt ein Wort hinzu, zum Beispiel »Hund«, dann ist das nächste Kind an der Reihe und so weiter. Auf diese Weise entstehen lustige Geschichten.

Imitation (ab 8)

Bei diesem Spiel sitzen die Kinder im Kreis. Ein Kind verlässt den Raum. Die übrigen Kinder wählen nun ein Kind als Spielleiter aus, das andere Kind kommt wieder zurück ins Zimmer. Die im Kreis sitzenden Kinder imitieren nun die Körperhaltung und die Bewegungen des Spielleiters. Legt er einen Finger an die Nase, so tun sie das ebenfalls. Steht er auf, so stehen auch sie auf. Verschränkt er die Arme, so machen sie es nach. Dabei beobachten sie den Spielleiter möglichst unauffällig aus den Augenwinkeln, damit das ratende Kind nichts mitbekommt. Seine Aufgabe nämlich ist es, herauszufinden, wer der Spielleiter ist und die Bewegungen vorgibt. Dabei hat es drei Versuche. Gelingt es ihm nicht, den Spielleiter zu entlarven, gibt sich dieser von selbst zu erkennen.

Die Reise in den Dschungel (ab 8)

Die Kinder sind im Kreis versammelt. Ein Kind ist der Abenteurer, der in den Dschungel fährt. Dieses Kind muss vorher in die Spielregeln eingeweiht werden (oder ein Erwachsener übernimmt die Rolle des Spielleiters). Das Kind, nennen wir es Felix, beginnt mit dem Spiel: »Ich fahre in den Dschungel und nehme ein Faltboot mit. Wie sieht's aus, Sarah, kommst du mit?« Sarah sagt daraufhin: »Ja, ich fahre auch in den Dschungel und nehme ein Moskitonetz mit.« Darauf muss Felix leider erwidern: »Tut mit Leid, ein Moskitonetz brauche ich nicht. Du musst leider hier bleiben. Willst du mitfahren, Tobias?« Tobias antwortet: »Ja, und ich nehme einen Fön mit.« Felix freut sich: »Toll, du darfst mitkommen.« Wer die Regel des Spiels erkannt hat, darf diese allerdings nicht verraten, bis auch das letzte Kind dahinter gekommen ist. Um den anderen etwas auf die Sprünge zu helfen, darf der Abenteurer die Kinder, die mitkommen dürfen, auch ein zweites

oder drittes Mal ansprechen, so dass diese weitere passende Gegenstände nennen können.
Ach ja, die Regel des Spiels? Die Gegenstände, die die Kinder mitnehmen, müssen mit dem gleichen Buchstaben anfangen wie der Vorname des Abenteurers, in unserem Fall also mit »F«. Sie können jedoch auch eine andere Regel festlegen, zum Beispiel dreisilbige Wörter oder etwas anderes.

Meine Tante mag keinen Kaffee ... (ab 9)

Dieses Spiel ist eine Variante des vorherigen Ratespiels. Ein Kind oder der Spielleiter beginnt und sagt: »Meine Tante mag keinen Kaffee.« Um es den anderen Kindern etwas leichter zu machen, können noch zwei bis drei weitere Hinweise folgen: »Meine Tante mag keine Butter« oder »Meine Tante mag keine Leberwurst.« Dann sind die anderen Kinder an der Reihe; der Spielleiter bestätigt dabei, ob die Aussage stimmt oder nicht. Mit der Zeit stellt sich heraus, dass die Tante einen wirklich seltsamen Geschmack hat: Sie mag Honig, aber keine Marmelade, Rosenkohl, aber keinen Wirsing, Melonen, aber keinen Apfel, aber Schokolade und keine Gummibärchen. Kinder, die den Geschmack der Tante enträtselt haben, sollten den anderen Kindern nichts verraten, dürfen ihnen aber gerne mit einigen richtigen Aussagen auf die Sprünge helfen. In unserem Beispiel mag die wählerische Tante übrigens nur Dinge, in denen ein »O« enthalten ist. Weitere Varianten können Sie sich leicht selbst ausdenken.

Münzenjagd (ab 8)

Bei diesem Spiel sitzen die Kinder im Kreis, und zwar möglichst nahe zusammen. Die Hände halten sie hinter dem Rücken. Ein Kind steht in der Mitte und schließt ganz kurz seine Augen. Währenddessen nimmt eines der Kinder eine Münze in die Hand. Dann öffnet das Kind in der Mitte wieder die Augen, die anderen Kinder versuchen nun, die Münze hinter ihrem Rücken weiterzugeben, ohne dass das Kind in der Mitte bemerkt, wo sich die Münze gerade befindet. Das Kind in der Mitte muss nun herausfinden, wer die Münze hat. Um den Rater etwas zu verwirren, dürfen auch andere Kinder so tun, als würden sie die Münze weitergeben. Errät das Kind in der Mitte, wer die Münze hat, ist das betreffende Kind als Nächstes dran.

Paarwörter raten (ab 6)

Viele Hauptwörter kommen in Paaren vor. Lassen Sie die Kinder diese Paare erraten, indem Sie ein Wort vorgeben, zum Beispiel:

- Katz und Maus
- Tag und Nacht
- Himmel und Hölle
- Dick und Doof
- Berg und Tal
- Anfang und Ende

Märchen raten (ab 6)

Kinder lieben Märchen und können sie fast auswendig. Versuchen Sie doch einmal, die Kinder Märchen nur anhand ihrer zentralen Sätze erraten zu lassen. Dies sind zum Beispiel:

»Spieglein, Spieglein an der Wand,
wer ist die schönste im ganzen Land?
Frau Königin, ihr seid die Schönste hier,
aber (...) über den Bergen, bei den (...)
ist noch tausend Mal schöner als ihr.« (Schneewittchen)

»Aber Großmutter, was hast du für große Ohren? –
Damit ich dich besser hören kann!« (Rotkäppchen)

*»Knusper, knusper, knäuschen,
wer knuspert an meinem Häuschen? –
Der Wind, der Wind, das himmlische Kind!« (Hänsel und Gretel)*

*»Ruckediguh, ruckediguh, Blut ist im Schuh!
Der Schuh ist zu klein.
Die rechte Braut sitzt noch daheim« (Aschenputtel)*

*»Was rumpelt und pumpelt in meinem Bauch?
Ich meint es wären sechs (...), doch scheints es sind nur Wackersteine.« (Der Wolf und die sieben Geißlein)*

*»Heute back' ich, morgen brau' ich,
übermorgen hol' ich mir der Königin ihr Kind.
Ach, wie gut, dass niemand weiß,
dass ich (...) heiß:« (Rumpelstilzchen)*

*»Königstochter, jüngste, mach mir auf!
Weißt du nicht, was gestern du zu mir gesagt bei dem kühlen Brunnenwasser?
Königstochter, jüngste, mach mir auf!« (Froschkönig)*

*Eine weitere Variante dieses Spiels ist, die Märchen im Stil von Zeitungsschlagzeilen zu formulieren:
»Alte Frau von wildem Tier gefressen« (Rotkäppchen)
»Junges Mädchen schneidet sich Zehe ab!« (Aschenputtel)
»Tierquälerei führt zu Hochzeit« (Froschkönig)*

Spiele mit Musik

Kinder singen und tanzen gerne. Daher sollten sie auch bei einer Geburtstagsparty Gelegenheit bekommen, sich musikalisch auszudrücken. Zu diesem Zweck gibt es eine Reihe von Spielliedern, die über das bloße Singen hinausgehen. Entweder müssen dabei die Kinder ihr Köpfchen ein wenig anstrengen oder sich zusätzlich körperlich betätigen.

Grün, grün, grün sind alle meine Kleider (ab 4)

Die Kinder bilden einen Kreis. Alle Kinder, die die genannte Farbe in ihrer Kleidung haben, dürfen während der Strophe in die Kreismitte und dort tanzen.

Weitere Strophen:

Weiß: Bäckermeister
Schwarz: Schornsteinfeger
Rot: Feuerwehrmann
Gelb: Postbote
Blau: Autoschlosser
Bunt: Malermeister

Machet auf das Tor (ab 4)

Bei diesem Lied bilden zwei Kinder ein Tor, durch das die anderen Kinder hindurchgehen müssen. Vorher machen die beiden Torpfosten aus, wer Himmel und wer Hölle ist. Die anderen Kinder dürfen dies jedoch nicht erfahren. Das erste und das zweite Kind lassen die Torpfosten ungehindert passieren, beim dritten Kind senken sie die Arme und halten so das Kind fest. Das Kind darf dann wählen, hinter welchen Torpfosten es sich stellt. Wenn alle Kinder hinter den Torpfosten stehen, werden die Teufel zwischen den Torarmen sanft hin- und hergeschüttelt und schließlich weggeschleudert. Die Engel dagegen werden auf den Armen geschaukelt und vorsichtig abgesetzt.

Lieder raten (ab 6)

Ein Kind verlässt den Raum, die anderen machen ein Lied aus. Dann darf das Kind wieder herein kommen, die anderen Gäste summen nun die erste Zeile des bestimmten Liedes und das Kind muss raten, um welches Lied es sich handelt. Dann ist das nächste Kind an der Reihe. Ein wenig schwieriger wird es, wenn die Kinder nur den Rhythmus des Liedes klatschen.

Jetzt fahr'n wir übern See (ab 6)

Bei diesem Lied darf das Wort in Klammern nicht gesungen werden, stattdessen müssen die Kinder eine Pause machen. Wer das vergisst, muss ein Pfand abgeben oder scheidet aus. So kann man das Lied so lange singen, bis ein Sieger übrig bleibt. Damit es schneller geht, können Sie auch zusätzliche Schwierigkeiten einbauen: Die Kinder müssen an einer bestimmten Stelle aufstehen, sich wieder hinsetzen und Ähnliches.

Der Jäger blies ins Horn, blies ins Horn,
der Jäger blies ins (Horn).
Da bliesen alle Jäger, Jäger, Jäger, Jäger,
da bliesen alle Jäger,
ein jeder in sein (Horn).

Und als wir drüben warn, drüben warn
und als wir drüben (warn),
da sangen alle Vöglein, Vöglein, Vöglein, Vöglein,
da sangen alle Vöglein;
der Helle Tag brach (an).«

Das wilde Tier (ab 4)

Ein Kind ist das wilde Tier und versteckt sich im Zimmer, zum Beispiel unter einem Tisch. Die anderen Kinder gehen im Zimmer umher und singen. Am Ende des Liedes stürzt das wilde Tier aus seinem Versteck und versucht, sich ein Kind zu schnappen, das dann zum nächsten wilden Tier wird.

Stopptanz (ab 6)

Dieser Tanz ist bei Kindern sehr beliebt, weil sie dabei herrlich herumtoben können. Die Kinder tanzen, so wild sie können – je verrückter, desto besser! Dann bricht der Spielleiter die Musik ab und die Kinder müssen in der Position verharren, in der sie sich gerade befinden. Wer sich bewegt oder wackelt, scheidet aus.

Tanz um die Zeitungsbälle (ab 6)

Auf dem Boden liegen Bälle aus Zeitungspapier. Die Kinder tanzen zur Musik, entweder jedes für sich oder gemeinsam zu zweit. Sie müssen immer in Bewegung bleiben. Plötzlich bricht die Musik ab. Jedes Kind muss sich einen Zeitungsball schnappen. Eines der Kinder geht leer aus, denn es sind nicht genügend Bälle für alle Kinder vorhanden. Dieses Kind scheidet aus. Nun wird ein Ball weggenommen, die Kinder tanzen wieder und das Spiel geht in die nächste Runde.

Spielideen zum Zuschauen

Bei einer Geburtstagsparty sollten die Kinder nicht die gesamte Zeit über herumtoben, sondern zwischendurch auch einmal zur Ruhe kommen dürfen. Hierfür eignen sich Programmpunkte, bei denen die Kinder einmal einfach nur »konsumieren«, beispielsweise Zaubertricks oder ein Kasperletheater.

Kasperletheater (ab 3)

Kleine Kinder haben oft viel Freude an einem Kasperletheater. Eltern jedoch scheuen sich oft, zu den beliebten

Puppen zu greifen. Sie haben Angst, dass ihre selbst inszenierten Aufführungen nicht mit der »Augsburger Puppenkiste« oder mit dem Fernsehprogramm konkurrieren können. Den kleinen Kindern ist das jedoch meist egal. Sie lassen sich gerne von einer spannenden und lustigen Handlung fesseln, haben Fantasie und malen sich abenteuerliche Kulissen selbst aus. Die meisten Kinder besitzen sogar ein paar Kasperlefiguren. Traditionell sind dies Kasperle, die Großmutter, Gretel, Räuber, König oder Krokodil. Wenn Sie keine eigene Kasperlebühne mit Kulissen haben, können Sie diese leicht selbst bauen: Drehen Sie einfach einen Tisch auf die Seite, so dass Sie sich dahinter verstecken können, und schon kann's losgehen! Allerdings können Sie auch einfach eine Tischdecke auf den Tisch legen, die bis zum Boden reicht. Wichtig ist, dass Sie für die Kinder unsichtbar sind! Wenn Sie alleine spielen, so können nur zwei Figuren gleichzeitig agieren (Ihre linke und Ihre rechte Hand). Haben Sie jedoch einen Helfer, sind Sie perfekt für »Massenszenen« vorbereitet.

Geben Sie den Kindern vor dem Spiel Gelegenheit, die Figuren in die Hand zu nehmen und selbst ein wenig damit herumzuspielen. Damit befriedigen Sie die kindliche Neugier. Ihre kleinen Gäste können sich schon einmal mit den Hauptpersonen vertraut machen! Und dann kann es auch schon losgehen! Die Handlung eines Kasperletheaters ist einfach und meist nach demselben Muster gestrickt. Bei sehr kleinen Kindern muss das auch so sein. Sie sind noch nicht in der Lage, einem komplizierten Handlungsmuster mit vielen Charakteren und abenteuerlichen Verwicklungen zu folgen. Meist geht es darum, dass das Kasperle etwas Bestimmtes vorhat. Dabei treten allerlei Schwierigkeiten auf. Vielleicht hat es etwas verloren oder gerät in Gefahr, weil es zum Beispiel von einem entlaufenen Krokodil verfolgt wird? Wichtig ist nur, dass die Kinder immer mehr wis-

sen als das Kasperle. Das Kasperle spricht die Kinder direkt an. So kann es zum Beispiel fragen: »Wo ist nur meine Mütze geblieben?« Die Kinder sehen die Mütze natürlich und rufen dem Kasperle zu, wo sie sich befindet. Doch das Kasperle versteht sie entweder falsch oder stellt sich bei der Suche so dumm an, dass die Kinder lachen müssen. Kasperletheater- Geschichten sollen immer ein Happy End haben, damit die Kinder nicht verunsichert werden.
Wenn das Spiel zu Ende ist, werden die Kinder wahrscheinlich selbst noch ein wenig mit den Puppen spielen wollen. Geben Sie ihnen die Gelegenheit dazu, doch achten Sie darauf, dass alle Kinder gleichermaßen zum Zuge kommen. Dies ist vor allem wichtig, wenn es weniger Figuren als Kinder gibt. Wundern Sie sich auch nicht, wenn die Spiele der Kinder wesentlich brutaler ausfallen als Ihr Spiel und es buchstäblich zu »Massenschlägereien« der Puppen des Theaters kommt. Meist versöhnen sich die Puppen dann auch schnell wieder und herzen und küssen sich.

Fingerpuppen (ab 6)

Etwas mehr Aufwand erfordert es, wenn Sie statt der Kasperlefiguren mit Ihren eigenen Fingern Theater spielen. Dazu malen Sie Gesichter und Kostüme auf Ihre Finger und erhalten so eine ganze Menge Figuren, die miteinander agieren können. Die Kinder müssen dabei etwas näher an die Bühne heranrücken, damit sie die Finger auch gut erkennen können.

Tipps für Zauberer

In den folgenden Abschnitten finden Sie einige Zaubertricks, die zum größten Teil auf einfachen, aber verblüffenden physikalischen Gesetzmäßigkeiten beruhen. Die Kinder

werden auf jeden Fall staunen, da sie nicht mit dem Ergebnis rechnen.
Trotzdem wirken die Tricks noch besser, wenn sich der Zauberer mit einer geheimnisvollen Aura umgibt. Dabei darf das richtige Kostüm nicht fehlen: ein Umhang, ein spitzer Hut und natürlich ein Zauberstab!
Führen Sie die Tricks auch nicht sachlich und nüchtern vor, sondern sprechen Sie die Kinder an: »Ihr glaubt gar nicht, was ihr jetzt sehen werdet. Kann ein Luftballon an der Decke kleben bleiben? Na, was meint ihr?« Lassen Sie die Kinder einige Experimente auch selbst ausprobieren. Wenn Ihnen als Zauberer etwas gelingt, das die Kinder vorher nicht geschafft haben, wird man Ihre Zauberkünste umso mehr bewundern.
Vergessen Sie auch nicht, die Gegenstände, mit denen Sie anschließend zaubern werden, vorher mit einem Zauberspruch zu belegen. Ob Sie dabei auf das traditionelle »Hokuspokus Fidibus« zurückgreifen oder sich Ihren ganz persönlichen geheimnisvollen Zauberspruch ausdenken, da sind Sie völlig frei! Und noch etwas: Es ist noch kein Zauberer vom Himmel gefallen! Probieren Sie die Tricks vorher ein paar Mal aus, so dass bei der Feier dann auch alles »glatt« geht. Vermeiden Sie, im entscheidenden Moment ins Stocken zu geraten oder am Ende noch in diesem Buch nachschlagen zu müssen. Es sei denn, Sie sagen gleich von Anfang an, dass sie noch ein Zauberschüler sind ... Auch bei Harry Potter klappt nicht immer alles auf Anhieb!
Wenn alle Tricks erfolgreich über die Bühne gegangen sind, werden die Kinder Sie bestürmen und wissen wollen, wie Sie das nur gemacht haben. Ein echter Zauberer genießt seinen Erfolg, lächelt geheimnisvoll und schweigt ... Wenn Sie möchten, können Sie aber aus der Auflösung der Tricks auch einen extra Programmpunkt machen. Zum

Beispiel am Ende der Geburtstagsparty. In der Zwischenzeit dürfen sich die Kinder ruhig noch ein wenig die Köpfe zerbrechen ...

Der magnetische Luftballon (ab 6)

Nehmen Sie einen Luftballon in die Hand und fragen Sie die Kinder, ob er wohl an der Decke kleben bleiben wird wie ein Gasluftballon. Die Kinder können ruhig ein wenig mit dem Ballon spielen. Sie können ihn anfassen und in die Luft werfen, damit sie sehen, dass es sich wirklich um einen ganz normalen Luftballon handelt. Dann nehmen Sie den Ballon wieder an sich, fuchteln mit dem Zauberstab herum und verzaubern so den Ballon. Reiben Sie den Ballon unauffällig an Ihrer Kleidung (am besten geeignet ist Wolle), und zwar mit der Seite, die dem Knoten gegenüber liegt. Wer Angst hat, dass die Kinder dies bemerken, kann mit der Erklärung aufwarten, dass der Ballon schön sauber und glatt sein sollte, damit der Trick auch klappt. Durch die Reibung lädt sich der Ballon auf und bleibt dann tatsächlich für kurze Zeit an der Zimmerdecke kleben.

Salz und Pfeffer (ab 6)

Hier streut der Zauberer etwas Salz und Pfeffer auf eine Tischplatte und vermischt beides kräftig. Nun bittet er die Kinder, den Pfeffer wieder aus dem Gemisch herauszuholen. Die Kinder haben keine Ahnung, wie sie dies bewerkstelligen können. Nun ist der große Moment des Zauberers gekommen. Er nimmt einen Plastiklöffel und reibt ihn mit der Rundung an einem Wollpulli. Dann hält er den Löffel über das Gemisch. Der Pfeffer wird nun hochspringen und am Löffel haften bleiben.

Kann Wasser magnetisch sein? (ab 8)

Auch dieser Trick wird die Kinder verblüffen. Füllen Sie ein Glas bis zum obersten Rand mit Wasser und legen Sie dann eine Postkarte auf das Glas. Drücken Sie sie richtig fest darauf. Fragen Sie die Kinder, was ihrer Meinung nach passiert, wenn Sie nun das Glas umdrehen und mit der Öffnung nach unten halten. Mit Sicherheit wird die Antwort lauten: »Die Postkarte fällt runter und das Wasser läuft raus.« Doch oh Wunder! Die Postkarte bleibt am Glas kleben. Warum? Weil der Luftdruck die Karte fest hält!

Platzt der Luftballon? (ab 6)

Jeder Luftballon platzt, wenn man mit einer Nadel hineinsticht. Das weiß jedes Kind. Sie können die Kinder dies auch gerne an zwei oder drei Exemplaren ausprobieren lassen. Doch dann trumpfen Sie auf: Sie schaffen es nämlich, mit einer Nadel in einen Luftballon zu stechen, ohne dass dieser platzt. Wie Sie das anstellen? Sie präparieren den Luftballon vorher, indem Sie ein Stück Tesafilm darauf kleben. Dann stechen Sie mit der Nadel in dieses Stück Tesafilm hinein. Die Luft entweicht nur ganz langsam, aber der Ballon platzt nicht. Schon aus geringer Entfernung kann man den Tesafilm nicht mehr erkennen. Wenn Sie viele Luftballons haben, so sollten Sie sich vorher genau merken, welche Farbe Ihr präparierter Luftballon hat oder wo er liegt. Denn wenn Sie erst umständlich nach einem Luftballon suchen müssen, den Sie »verzaubern« können, zerstört dies den ganzen Zaubertrick.

Die Münze (ab 8)

Füllen Sie einen Teller mit Wasser und legen Sie eine Münze hinein. Nun fordern Sie die Kinder heraus: »Schafft es einer

von euch, die Münze aus dem Wasser zu holen, ohne sich die Finger nass zu machen? Natürlich dürft ihr das Wasser auch nicht einfach ausschütten.« Die Kinder werden ratlos sein. Dann kommt Ihr großer Auftritt: Sie zünden ein Stück Papier an und stecken es in ein Glas. Dieses Glas stellen Sie dann neben die Münze auf den Teller. Was passiert? Das Wasser steigt in das Glas und Sie können die Münze an sich nehmen, ohne sich die Finger nass zu machen.
Wie geht das? Jetzt wird's physikalisch: Bei der Verbrennung entsteht Kohlenmonoxid, weil sich der im Papier enthaltene Kohlenstoff mit Sauerstoff verbindet. Diese Gase dehnen sich beim Erhitzen aus, beim Erkalten ziehen sie sich jedoch zusammen. Dadurch verringert sich der Luftdruck im Glas, Luft will von draußen in das Glas strömen und zieht das Wasser mit.

Die klappernde Schachtel (ab 6)

Diejenigen, die einen weiten Umhang oder Mantel tragen, welcher die Arme verhüllt, haben bei diesem Zaubertrick einen großen Vorteil. Haben Sie keinen Umhang zur Hand, so nehmen Sie einen weiten Pulli mit langen Ärmeln. Außerdem benötigen Sie vier kleine Schachteln oder Smarties-Rollen. In eine dieser Schachteln geben Sie nun ein paar Reiskörner, Erbsen oder Ähnliches. Stecken Sie sie in Ihren linken Ärmel (deshalb der weite Umhang) und befestigen sie dort, dass sie dennoch für die Kinder unsichtbar ist. Die drei übrigen Schachteln sind leer. Die Kinder dürfen sich selbst vergewissern, die Schachteln in die Hand nehmen und hinein schauen. Damit Sie auch nicht heimlich etwas in die Schachtel hineingeben können, dürfen die Kinder die Schachteln höchstpersönlich zukleben. Dann verzaubern Sie die Schachteln, heben eine davon hoch, schütteln sie und siehe da – sie klappert! Die nächste klappert nicht, aber vielleicht die übernächste? Oder vielleicht klappert jetzt plötzlich eine Schachtel, die vorher nicht geklappert hat? Der Trick ist hier natürlich, dass Sie die »klappernden« Schachteln mit der linken Hand schütteln, denn in diesem Ärmel steckt ja die wahre klappernde Schachtel. Schachteln, die Sie mit der rechten Hand schütteln, klappern dagegen nicht. Versuchen Sie vorher jedoch, den linken Arm so wenig wie möglich zu bewegen – nicht dass Sie sich noch durch einen klappernden Arm verraten!

Der geheimnisvolle Spazierstock (ab 6)

Für diesen Zaubertrick benötigen Sie: einen Spazierstock. Setzen Sie sich in einiger Entfernung von den Kindern auf einen Stuhl, nehmen Sie die Knie auseinander und stützen Sie Kinn und Hände auf den Spazierstock, der zwischen Ihren Beinen steht. Wetten Sie dann, dass Sie den Spazierstock dazu bringen können, aufrecht stehen zu bleiben, ohne dass Sie ihn mit den Händen oder Knien festhalten. Die Kinder wissen, dass das nicht funktioniert. Ungläubige dürfen sich den Spazierstock auch gerne bei Ihnen abholen, es ausprobieren und Ihnen dann den Stock wieder zurückgeben. Stützen Sie die Hände wieder auf den Spazierstock, murmeln Sie einige Beschwörungsformeln und Zaubersprüche und bitten Sie die Kinder um absolute Ruhe, damit Sie Ihre Gedanken auf den Spazierstock übertragen können. Dann lassen Sie den Stock los. Zunächst wird er noch ein wenig hin und her schwanken, doch siehe da – plötzlich steht er frei zwischen Ihren weit auseinander genommenen Knien, wie von Zauberhand gehalten!
Wie das funktioniert? Sie haben vorher an Ihren beiden Hosenbeinen in Kniehöhe einen Faden befestigt, der die gleiche Farbe wie die Hose hat und von den Kindern nicht zu erkennen ist. Dieser Faden strafft sich, wenn Sie die Knie

auseinander nehmen, der Spazierstock lehnt sich dann an diesen Faden. Wichtig ist, dass Ihre Knie nicht zu sehr beleuchtet sind und Sie auch nicht aufstehen, damit die Kinder den Faden nicht sehen können. Wenn ein Kind den Stock bei Ihnen abholt oder ihn wieder zurückbringt, nehmen Sie schnell die Knie zusammen, so dass das Kind den Faden nicht bemerkt.

Der Hellseher (ab 7)

Genauso interessant wie ein Zauberer ist ein Hellseher – und das sind natürlich Sie. Allerdings brauchen Sie für dieses Spiel einen eingeweihten Helfer, zum Beispiel das Geburtstagskind. Dann verlässt der Hellseher den Raum und währenddessen einigen sich die Kinder auf einen Gegenstand im Raum. Dann betritt der Hellseher wieder das Zimmer und bittet um absolute Stille. Jedes Kind soll sich auf den Gegenstand konzentrieren, ohne diesen jedoch anzusehen. Dann beginnt der eingeweihte Partner mit seinen Fragen: »Denken wir an den Esstisch?« – »Nein.« – Denken wir an die Geburtstagstorte?« – »Nein.« – »Ist es vielleicht die Vase auf dem Tisch?« – »Nein.« – »Die grüne Palme auf dem Fensterbrett?« – »Nein.« – Denken wir an den Pulli von Steffi?« – »Ja.«
Der Trick bzw. das Codewort ist hier »grün«. Der Hellseher weiß, dass vor dem Gegenstand, der erraten werden muss, ein grüner Gegenstand genannt wird.

Gedanken lesen (ab 7)

Auch bei diesem Trick verblüffen Sie die Kinder mit Ihren hellseherischen Fähigkeiten. Geben Sie jedem Kind einen Zettel und bitten Sie die Kinder, eine Frage darauf zu schreiben, den Zettel dann zusammenzufalten (alle auf die gleiche Art) und in einen Hut zu werfen. Sie selbst tun dies

ebenfalls. Dann behaupten Sie, Sie könnten nun einen Zettel aus dem Hut ziehen und alleine durch Abtasten herausfinden, welche Frage auf dem Zettel steht. Es geht los. Sie ziehen einen Zettel aus dem Hut, murmeln ein paar geheimnisvolle Worte, tasten den Zettel ab und erraten die erste Frage (Ihre eigene, die einzige Frage, die Sie zu diesem Zeitpunkt kennen). Dann falten Sie den Zettel auseinander und lesen die Frage vor (Ihre eigene, auch wenn in Wirklichkeit eine andere Frage auf dem Zettel steht). Nun kennen Sie eine weitere Frage, diese steht dann »zufällig« auf dem nächsten Zettel. Bevor Sie den zweiten Zettel öffnen, fragen Sie die Kinder: »Na, hat sich jemand diese Frage ausgedacht?« Das betreffende Kind wird begeistert sein. So geht es weiter, bis am Ende alle Zettel gezogen sind.
Achtung! Passen Sie auf, dass Sie als Erstes nicht wirklich Ihre eigene Frage ziehen – sonst sind Sie nämlich aufgeschmissen! Kennzeichnen Sie Ihren Zettel so, dass Sie ihn erkennen können oder geben Sie ihn unauffällig erst später in den Hut.

Vorlesen (ab 4)

Vor allem kleine Kinder freuen sich, wenn Sie ihnen zwischendurch eine Geschichte vorlesen. Gebannt werden sie Ihren Worten lauschen und so kehrt für eine Zeit lang Ruhe in die Geburtstagsgesellschaft ein. Suchen Sie sich eine spannende oder lustige Geschichte aus, die dem Alter der Kinder angemessen ist. Bücher mit entsprechenden Vorlesegeschichten erhalten Sie im Buchhandel oder in der Bibliothek. Lesen Sie langsam, so dass Ihnen die Kinder gut folgen können. Stellen Sie ruhig Ihr schauspielerisches Talent auf die Probe und bemühen Sie sich, jeder handelnden Person ihre eigene Stimme zu geben.
Natürlich können Sie auch eine selbst erfundene Geschich-

te erzählen oder eine Geschichte frei nacherzählen. Nutzen Sie den Vorteil, die Kinder direkt anzusprechen und einzubeziehen: »Und was glaubt ihr? Was wird die Hexe nun tun?«

Gruselgeschichten (ab 7)

Gruselgeschichten sind bei Kindern ebenfalls sehr beliebt. Auch diese können Sie entweder vorlesen oder erzählen. Achten Sie darauf, dass die Geschichten den Kindern keine Angst einjagen. Mehr zu diesem Thema erfahren Sie im Kapitel »Von Vampiren und Gespenstern: Die Gruselparty«.

Pfänderspiel

Bei einigen Spielen wird ein Pfand verlangt, wenn jemand die Aufgabe nicht erfüllen konnte. Dabei händigt das betreffende Kind dem Spielleiter einen Gegenstand von sich aus, zum Beispiel einen Schuh oder eine Uhr, den dieser gut verwahrt. Am Ende des Spiels oder aber am Ende des Festes müssen die Pfänder wieder eingelöst werden. Der Spielleiter legt alle Pfänder in einen Eimer oder in eine Tüte, wühlt darin herum, nimmt ein Pfand heraus (aber so, dass es die Kinder noch nicht sehen können) und fragt: »Was soll das Pfand in meiner Hand, was soll derjenige tun?« Die Kinder rufen ihm dann eine Aufgabe zu, die derjenige erledigen muss, dem das Pfand gehört. Meist wird es den Kindern nicht an Ideen fehlen, ein paar zusätzliche Anregungen finden Sie hier:

- Ein Lied singen oder pfeifen (ohne zu lachen)
- Einen Zungenbrecher wie »Fischers Fritze fischt frische Fische« fehlerfrei aufsagen

- Auf einem Fuß quer durch das Zimmer hüpfen, einen Gegenstand aufheben und wieder zurück hüpfen
- Laut zum Fenster hinaus rufen: »Ich bin der / die Schönste im ganzen Land!«
- Bei den Nachbarn klingeln und sich einen Apfel leihen
- mit einem Blatt Papier auf dem Kopf einmal um den Esstisch herum spazieren
- Wie ein Frosch quer durch das Zimmer hüpfen, mit dem Mund einen Gegenstand aufheben und diesen beim Spielleiter abliefern
- Einen Luftballon aufblasen, bis er platzt
- Einen Witz erzählen

4. Kapitel

Spiele für draußen

Ob im Garten, im Park, im Wald oder an einem See – wenn das Wetter mitspielt, haben Kinder an einer Party im Freien viel Spaß. Hier können sie ungehindert herumtoben, ohne Gefahr zu laufen, dass etwas in die Brüche geht. Außerdem kann man draußen auch Spiele spielen, für die in der Wohnung nicht genug Platz ist. Wie wäre es zum Beispiel mit einer Kinderolympiade, einer Schatzsuche oder einer Schnitzeljagd?
Ein kleiner Tipp: Teilen Sie den Kindern bzw. ihren Eltern schon auf der Einladung mit, dass die Party draußen stattfinden wird. So sind die Kinder dann auch entsprechend angezogen und es gibt keinen Ärger, wenn am Abend ein paar Grasflecken die Kleidung zieren.
Tipps und Anregungen für Spiele im Freien finden Sie in diesem Kapitel.

Spiele im Garten und in der freien Natur

Im Garten können Sie Spiele durchführen, für die in der Wohnung nicht genügend Platz ist. Trotzdem haben Sie einen Vorteil: Sie haben alle nötigen Utensilien in der Nähe und können zwischendurch auch wieder hinein gehen. Vergessen Sie nicht, vorher den Nachbarn Bescheid zu sagen, dass in Ihrem Garten gefeiert wird.
Wer keinen eigenen Garten hat, kann die Geburtstagsparty auch in einen nahe gelegenen Park oder in den Wald verlegen.

Wer fängt den Fisch? (ab 6)

Bei diesem Spiel wird eigentlich kein Fisch gefangen, sondern ein Apfel – der auf dem Grund einer Wanne liegt. Dabei dürfen die Kinder jedoch nicht die Hände benutzen, sondern lediglich mit dem Mund zuschnappen.
An heißen Sommertagen können Sie die Wanne auch mit Wasser füllen und Muscheln hineingeben. Diese müssen die Kinder dann mit den Zehen vom Boden der Wanne aufsammeln.

Das Nagelbrett (ab 6)

Ein Nagelbrett, wie es ein Fakir besitzt, können Sie ganz einfach selbst basteln: Verwenden Sie dazu eine Styroporplatte und eine Packung Nägel. Die Nägel stecken Sie nun von unten durch die Styroporplatte – und schon ist Ihr Nagelbrett fertig! Doch keine Angst, es muss sich nun niemand draufsetzen oder über das Nagelbrett laufen. Stattdessen erhält jedes Kind einen aufgeblasenen Luftballon. Diesen muss es nun vorsichtig von einem Ende des Nagelbrettes zum anderen pusten, ohne dass er platzt. Wenn der Luftballon seitlich herunterfällt, beginnt das Kind von neuem. Wer den Luftballon heil auf die andere Seite bringt, bekommt einen Preis oder eine bestimmte Punktzahl.

Tipp

Es ist bequemer, wenn Sie das Nagelbrett auf einen großen Tisch stellen.

Münzen werfen (ab 6)

In einem Planschbecken liegt eine Münze. Die Kinder erhalten nun ebenfalls je eine Münze und werfen diese so nah wie möglich an die im Becken liegende Münze heran. Wer am nächsten dran ist, hat gewonnen oder bekommt einen Punkt.

Wasserwerfer (ab 6)

Zwei Kinder stehen sich gegenüber und werfen sich einen mit Wasser gefüllten Luftballon zu. Bis zu welcher Entfernung schaffen sie es, bevor der Ballon herunterfällt oder platzt?

Fisch-Tombola (ab 6)

Für dieses Spiel genügt Ihnen: eine Anzahl Preise und kleine Gewinne, eine Styroporplatte und ein Planschbecken. Schneiden Sie aus dem Styropor so viele Fische aus, wie Sie Preise haben. Beschriften Sie sie mit einem wasserfesten Stift und schreiben Sie auf die Unterseite Nummern, die mit den Nummern auf den Preisen korrespondieren. Setzen Sie die Fische dann in ein mit Wasser gefülltes Planschbecken. Die Kinder stehen an einer etwa zwei Meter entfernten Wurflinie. Jedes Kind erhält drei Münzen, mit denen es nun nach den Fischen werfen kann. Bleibt eine Münze auf einem Fisch liegen, so darf das Kind den Fisch aus dem Wasser nehmen und sich den entsprechenden Preis holen.

Schneeballwurf (ab 6)

Selbst im Winter müssen Sie keineswegs die gesamte Zeit im Haus bleiben. Sie können einige Spiele im Freien durchführen. Teilen Sie dies den Eltern jedoch vorher mit, damit die Kinder richtig angezogen sind. Für den Schneeballwurf teilen Sie die Kinder in zwei Mannschaften ein. Ziehen Sie dann zwei Linien im Schnee, die einen Abstand von etwa einem Meter haben. Im Feld zwischen diesen Linien liegt ein aufgeblasener Luftballon. Die Kinder versuchen nun, den Luftballon mit Schneebällen in das Feld der anderen Mannschaft hinüber zu schießen. Wer es schafft, bekommt einen Pluspunkt. Platzt der Ballon jedoch, erhält die Mannschaft zwei Minuspunkte.

Schneelauf (ab 6)

Auch hier bilden die Kinder wieder zwei Mannschaften. Jede Mannschaft bekommt drei Kartonstücke (zum Beispiel Pizza-Kartons). Beim Start nimmt das erste Kind ein Kartonstück und legt es so weit vor sich auf den Boden, dass es sich gerade noch darauf stellen kann. Dasselbe geschieht mit dem zweiten Kartonstück. Nun steht das Kind mit beiden Beinen auf je einem Kartonstück und legt das dritte nach vorne. Und nun kommt der schwierigste Teil: Das Kind muss nämlich das hintere Kartonstück aufheben und dieses wiederum nach vorne werfen. So geht es dann weiter, bis das Kind das Ziel erreicht hat. Wer den Boden berührt, scheidet aus. Nach dem Herumtoben im Schnee wärmen sich die Kinder dann bei einer Tasse heißer Schokolade auf!

Osterspaziergang (ab 4)

Zur Osterzeit darf man schon einmal den Garten verlassen und einen Spaziergang in Wald und Flur machen. Dabei können die Kinder allerhand entdecken: Welche Blumen sprießen schon? Welche Vögel singen im Wald? Wer die Kinder nur schwer zu einem Spaziergang motivieren kann, sollte darauf hinweisen, dass um diese Jahreszeit ja auch der Osterhase im Wald herumhoppelt. Und ganz zufällig verliert dieser unterwegs ab und zu ein Schokoladenei! Ziel des Spaziergangs ist eine Lichtung oder Wiese, auf der für jedes Kind ein

Osternest versteckt ist. Danach können die Kinder bei einem kleinen Picknick Kräfte für den Rückweg sammeln. Stellen Sie dazu ein paar Hocker oder Ähnliches bereit, denn es ist noch zu kühl, um auf dem Boden zu sitzen.

Herbstspaziergang (ab 6)

Wie wäre es mit einem herbstlichen Spaziergang durch die Wälder? Dabei können die Kinder allerlei interessante Dinge sammeln: bunte Blätter, Eicheln, Kastanien, Tannenzapfen, Federn, Steine, Rindenstücke, Moos und so weiter. Vielleicht können sie ja auch ein Eichhörnchen beobachten, das sich gerade einen Vorrat für den Winter anlegt? Wieder zu Hause angekommen, basteln die Kinder dann lustige Dinge aus ihren Fundstücken. Besorgen Sie zusätzlich noch Streichhölzer, Schnüre, Klebstoff, Vorbohrer und Farben. In Eicheln und Kastanien bohren Sie die Löcher am besten selbst hinein, damit sich die Kinder nicht verletzen – auf der glatten Oberfläche rutscht der Bohrer nämlich schnell ab.

Drachen steigen lassen (ab 8)

Wenn ein leichter Herbst-Wind weht und die Felder schon abgemäht sind, kann man herrlich Drachen steigen lassen. Sie können diese mit den Kindern vorher selbst basteln, doch leider fliegen diese Drachen nicht immer (die Gesetze der Aerodynamik sind eben nicht ganz einfach!) und dann ist die Enttäuschung groß. Kaufen Sie lieber für jedes Kind einen Drachen – das ist auch nicht so teuer. Dann ziehen Sie los auf ein Feld und lassen die Drachen fliegen. Sie wissen ja: Achten Sie darauf, dass keine Stromleitungen in der Nähe sind, in denen sich die Drachen verheddern können! Für die ganz Kleinen können Sie noch ein anderes Spielobjekt basteln: Befestigen Sie ein etwa 4 cm breites und zwei

Meter langes Stück Krepppapier an einem etwa 40 cm langen Stab. Dieses können die Kinder dann hinter sich her flattern lassen oder damit Figuren in die Luft zeichnen.

Laternenumzug (ab 4)

Die Kinder kennen es vom Martinsfest – sie basteln Laternen und ziehen damit durch die Stadt. Aus dem Basteln der Laternen können Sie einen besonderen Programmpunkt machen, oder aber Sie kaufen die Lampions. Ziehen Sie mit den Kindern durch die Straßen und singen Sie dabei Martinslieder. Einen solchen Laternenumzug können Sie übrigens auch zu anderen Jahreszeiten veranstalten. In lauen Sommernächten zum Beispiel kommen die Lampions ebenfalls hervorragend zur Geltung. Oder wie wäre es mit einem festlichen Fackelzug?

Nachtwanderung (ab 5)

Gerade im Winter, wenn es schon früh dunkel wird, können Sie mit den Kindern eine Nachtwanderung durchführen. Mit älteren Kindern können Sie dies auch im Sommer machen, zum Beispiel an einem Freitag- oder Samstagabend.
Jedes Kind bekommt eine Taschenlampe. Achten Sie darauf, dass die Kinder sich alle gegenseitig an der Hand halten. Meist ist schon das Erlebnis, in der Dunkelheit durch den Wald zu streifen, beeindruckend genug. So viele fremde Geräusche! Und wer weiß, vielleicht sehen Sie ja auch ein paar Tiere? Wer möchte, kann eine kleine Pause bei einem Lagerfeuer machen und warmen Tee oder Kakao aus der Thermoskanne trinken. Ist jetzt nicht auch der richtige Moment für eine kleine Gruselgeschichte? Aber bitte nicht allzu schauerlich, meist ist die nächtliche Umgebung für die Kinder schon aufregend genug!

Bewegungsspiele und Spiele zum Herumtoben

Kinder bewegen sich gerne. Vor allem in der Gruppe wird gerne herumgetobt. Mit den Spielen in diesem Abschnitt kommen Sie dem natürlichen Bewegungsdrang der Kinder entgegen und lenken ihre Energie in eine positive Richtung.

Länderball (ab 7)

Bei diesem Spiel nennt jedes Kind ein Land, das es darstellen will, zum Beispiel: Italien, Australien, England oder die Schweiz. Ein Kind, das zum Beispiel Australien darstellt, steht mit dem Ball in der Mitte, wirft den Ball hoch und nennt dabei ein anderes Land, zum Beispiel England. England muss nun den Ball fangen. Die anderen Kinder laufen unterdessen weg. Sobald England den Ball gefangen hat, ruft es »Stopp!« und die anderen Kinder müssen stehen bleiben. England fragt nun das Kind, das ihm am nächsten steht: »Gummi oder Eisen?« Entscheidet sich das Kind für Eisen, so darf es drei Schritte von England weggehen und muss dann bewegungslos stehen bleiben. Entscheidet es sich dagegen für Gummi, so bleibt es an seinem Platz stehen und darf sich hin und her bewegen, wenn England den Ball nach ihm wirft. Trifft England das Kind, so bekommt England einen Punkt, das andere Kind einen Minuspunkt und wirft als Nächstes den Ball nach oben. Wenn England jedoch daneben wirft, so bekommt das andere Kind einen Punkt und England den Minuspunkt. Dann muss England als Nächstes den Ball in die Höhe werfen. Dann geht es weiter.
Tipp: Statt Namen von Ländern können Sie hier auch die Namen von Sportlern, Popstars oder Comicfiguren verwenden.

Luftballon schlagen (ab 8)

Hängen Sie einen mit Wasser gefüllten Luftballon derartig an einen Baum oder eine Wäscheleine, dass er etwa einen halben Meter über den Köpfen der Kinder schwebt. Sie benötigen außerdem noch einen Stock (etwa 60 cm lang) und eine Augenbinde.
Wählen Sie einen Geburtstagsgast aus und verbinden Sie ihm die Augen. Drehen Sie das Kind dreimal im Kreis herum. Dann versucht das Kind, mit dem Stock den Luftballon zum Platzen zu bringen. Es hat dabei jedoch nur zwei Versuche, dann kommt das nächste Kind an die Reihe. Wer es schafft, kommt so in den Genuss einer kalten Dusche.
Tipp: Sie können dieses Spiel ein wenig erschweren, indem Sie die Kinder nicht direkt unter dem Ballon starten lassen, sondern den Ausgangspunkt in etwa zwei Metern Entfernung festlegen.

Katz und Maus (ab 6)

Ein Kind wird zur Katze bestimmt, ein anderes Kind zur Maus. Der Katze werden nun die Augen verbunden. Aufgabe der Katze ist es, die Maus nur mit Hilfe des Gehörs zu fangen. Damit die Maus nicht ganz einfach weglaufen (und sich in ihr Mauseloch zurückziehen) kann, bilden die anderen Kinder einen Kreis rund um Katze und Maus und sind mucksmäuschenstill. Wenn die Geräusche, die die Maus beim Gehen macht, nicht ausreichen, darf die Katze jederzeit stehen bleiben und »Miau« sagen. Die Maus muss darauf mit »piep, piep« antworten und so der Katze anzeigen, in welcher Richtung sie sich befindet. Hat die Katze die Maus gefangen, so ist die Maus die nächste Katze und bestimmt ein anderes Kind zur Maus.

Fuchs und Hase (ab 10)

Bei diesem Spiel geht es um Geschwindigkeit und Geschicklichkeit. Sie brauchen dazu mindestens zehn Mitspieler – je mehr Kinder spielen, umso spannender wird das Spiel.

Ein Kind wird zum Fuchs bestimmt, ein anderes zum Hasen. Die übrigen Kinder bilden einen Kreis und stehen je eine Armlänge voneinander entfernt. Fuchs und Hase stehen außerhalb des Kreises auf gegenüber liegenden Seiten. Auf ein Signal hin beginnt der Fuchs, den Hasen zu jagen. Wenn er den Hasen berührt, dann ist der Hase gefangen und Fuchs und Hase tauschen die Rollen. Doch der Hase ist schlau und hat eine Möglichkeit, sich in Sicherheit zu bringen: Er darf nämlich zwischen zwei Spielern hindurch in die Mitte des Kreises rennen. Diese beiden Spieler geben dann einander die Hand, so dass der Durchgang für den Fuchs versperrt ist und dieser sich einen anderen Eingang in den Kreis suchen muss. Wenn sich der Hase geschickt anstellt, sind am Ende alle Eingänge in den Kreis geschlossen und er ist endgültig in Sicherheit.

Ochs am Berge (ab 6)

Ein Kind wird zum Ochsen bestimmt und steht mit dem Rücken zu den anderen Kindern, welche an einer Linie rund 15 bis 20 Meter vom Ochsen entfernt stehen. Sie müssen nun versuchen, möglichst unbemerkt an den Ochsen heranzukommen. Der Ochse wiederholt immer wieder: »Ochs am Berge, eins zwei, drei!« – mal schnell, mal langsam. Sobald er »drei« gesagt hat, darf er sich umdrehen. Wer sich dann noch bewegt, muss drei Schritte zurückgehen. Gewonnen hat, wer den Ochsen abschlägt. Er darf dann der nächste Ochse sein.

Die heiße Kartoffel (ab 8)

Bei diesem Spiel sitzen die Kinder im Kreis, ein Kind wird zum Spielleiter bestimmt und sitzt in der Mitte des Kreises. Außerdem brauchen Sie noch einen Ball, der die Rolle der heißen Kartoffel übernimmt. Der Spielleiter nimmt den Ball und wirft ihn irgendeinem Kind im Kreis zu: Dann schließt er die Augen. Nun müssen die Kinder den Ball so schnell wie möglich weitergeben, als wäre er eine heiße Kartoffel, die niemand lange in der Hand halten will. Die Kinder dürfen den Ball entweder direkt an das Kind neben sich weitergeben oder ihn irgendeinem anderen Kind im Kreis zuwerfen. Plötzlich ruft der Spielleiter »heiß!« Das Kind, das in diesem Augenblick den Ball hält, scheidet aus. Befindet sich der Ball in diesem Moment gerade in der Luft, so scheidet das Kind aus, das den Ball fängt, nachdem der Spielleiter »heiß!« gerufen hat.

Fuchsjagd (ab 5)

Alle Kinder bekommen einen Fuchsschwanz aus Krepppapier, der mit einer Sicherheitsnadel hinten an der Hose festgesteckt wird. Der Schwanz sollte so lang sein, dass er etwa 15 cm auf den Boden überhängt. Auf ein Startsignal hin jagen sich die Füchse nun gegenseitig, indem sie einem anderen Fuchs auf den Schwanz steigen, so dass dieser abreißt. Füchse, die ihren Schwanz verloren haben, scheiden aus. Sieger ist, wer seinen Fuchs-Schwanz am längsten verteidigen kann.

Wer hat Angst vorm schwarzen Mann? (ab 5)

Dieses Spiel ist ein Klassiker und wird seit Jahrzehnten immer wieder gerne gespielt. Ein Kind wird zum schwarzen Mann bestimmt, die anderen Kinder stehen ihm in einem

Abstand von etwa zehn bis 15 Metern gegenüber. Der schwarze Mann ruft: »Wer hat Angst vorm schwarzen Mann?« Die anderen antworten: »Niemand« – »Wenn er aber kommt?« – »Dann laufen wir davon!« Nun laufen die Kinder los, um die andere Seite zu erreichen. Der schwarze Mann rennt ebenfalls los und versucht, mindestens ein Kind zu fangen. Die gefangenen Kinder werden ebenfalls zu schwarzen Männern, bis am Ende nur noch ein Kind übrig ist.

Jagd auf die Münze (ab 6)

Sie benötigen für dieses Spiel einen kleinen Gegenstand, der sich gut in der Hand verbergen lässt. Zum Beispiel einen Knopf oder eine Münze. Legen Sie ein Ziel fest, das in etwa zehn Metern Entfernung liegen sollte, zum Beispiel einen Baum oder einen Zaunpfahl.

Ein Kind wird zum Spielleiter gewählt und bekommt die Münze in die Hand. Es geht nun von einem Kind zum anderen und tut jedes Mal so, als stecke er dem Kind die Münze zu. Die Kinder tun ebenfalls so, als bekämen sie die Münze, »verstecken« sie in der linken oder rechten Hand und ballen diese zur Faust. Doch nur ein Kind hat die Münze tatsächlich – aber wer das ist, das weiß niemand außer dem Spielleiter und dem betreffenden Kind selbst.

Auf ein Zeichen hin laufen alle Kinder (bis auf den Spielleiter) los. Der Münzträger muss nun versuchen, die Münze zum Ziel zu befördern, ohne dass die anderen Kinder herausfinden, dass er die Münze hat. Die anderen Kinder wiederum tun alles, um den Münzträger abzufangen. Das geht so: Vermutet ein Kind, dass ein anderes Kind die Münze hat, so berührt es dieses an der Schulter und sagt: »Du hast die Münze.« Das andere Kind muss dann die geballte Faust öffnen. Hat es die Münze tatsächlich, so bekommt das Kind, welches den Münzträger erwischt hat, zwei Punkte und ist in der nächsten Runde der Spielleiter. Hat dieses Kind die Münze jedoch nicht, so erhält niemand einen Punkt. Wenn der Münzträger das Ziel erreicht, ohne dass er entlarvt wird, gewinnt er drei Punkte. Gesamtsieger ist, wer nach 15 Minuten die meisten Punkte gesammelt hat.

Schlacht mit Luftballons (ab 8)

Bei diesem Spiel benötigen Sie für jedes Kind einen Luftballon und einen Stock. Jedes Kind bläst seinen Luftballon auf und bindet ihn mit einem Faden oder einer Schnur an seinem Fußknöchel fest. Auf ein Kommando hin müssen die Kinder versuchen, die Luftballons der anderen mit dem Stock zum Platzen zu bringen. Gleichzeitig müssen die eigenen Ballons verteidigt werden, dabei dürfen die Ballons nicht mit den Händen oder Füßen berührt werden. Die Kinder, deren Ballons geplatzt sind, scheiden aus, bis am Schluss ein Sieger übrig bleibt.
Tipp: Wer Angst davor hat, dass die Kinder zu heftig zuschlagen und sich mit den Stöcken verletzen, kann ihnen auch eine zusammengerollte Zeitung als »Waffe« an die Hand geben.

Das wilde Tier (ab 8)

In einem Abstand von etwa 20 Metern werden zwei Kreise auf dem Boden markiert. Diese sind so groß, dass alle Kinder darin Platz haben. Wer sich in den Kreisen befindet, ist geschützt – niemand kann ihm etwas anhaben.
Zu Beginn des Spieles sind alle Kinder in einem Kreis versammelt, außen um den Kreis geht ein wildes Tier – also ein anderes Kind – herum. Die Kinder versuchen nun, den anderen Kreis zu erreichen, ohne dass sie vom wilden Tier gefangen werden. Kinder, die vom wilden Tier geschnappt

werden, werden ebenfalls zu wilden Tieren und helfen mit, die anderen Kinder zu fangen.

Reiter und Pferd (ab 4)

Bei diesem Spiel sitzen die kleineren Kinder auf den Schultern der größeren Kinder oder der Erwachsenen und haben eine Mütze auf dem Kopf. Auf ein Kommando hin versuchen die Reiter, den anderen Reitern die Mützen vom Kopf zu reißen. Als Sieger gilt, wer nach dem Schlusspfiff nach fünf Minuten eine weitere Mütze auf dem Kopf hat (seine eigene oder die eines anderen Reiters).
Tipp: Dieses Spiel lässt sich auch gut im Schwimmbad spielen, denn hier können sich die Kinder leichter gegenseitig auf die Schultern nehmen. Anstatt sich eine Mütze vom Kopf zu reißen, versuchen die Kinder nun, sich gegenseitig ins Wasser zu stoßen.

Fang den Ball (ab 5)

Die Kinder bilden einen Kreis. Eines der Kinder steht in der Mitte und hält einen Ball. Dann wirft es den Ball in die Luft und ruft den Namen eines Mitspielers. Dieser muss den Ball fangen. Wenn er dies nicht schafft, löst er den Werfer ab.
Tipp: Sehr kleine Kinder dürfen den Ball auch einmal aufspringen lassen.

Wasserballons (ab 4)

Die Kinder werden in zwei Gruppen eingeteilt. Jede Mannschaft befindet sich in je einer Hälfte des Spielfeldes, welches mit wassergefüllten Luftballons bestückt ist. Auf ein Startzeichen hin müssen nun die Kinder versuchen, ihr Spielfeld von den Luftballons zu befreien, indem sie diese in das gegnerische Spielfeld werfen. Die Gruppe, deren Spielfeld zuerst frei von Ballons ist, hat gewonnen. Da die Ballons schnell platzen, wird dieses Spiel nicht lange dauern.

Räuber und Gendarm (ab 8)

Die Kinder bilden zwei Gruppen: die Räuber und die Gendarmen. Die Räuber ziehen los und verstecken sich in einem vorher abgesprochenen Gelände. Nach fünf Minuten folgen ihnen die Gendarmen und versuchen, so viele Räuber wie möglich zu finden und zu fangen. Doch die Räuber sitzen nicht etwa untätig in ihrem Versteck: Sie müssen versuchen, innerhalb eines bestimmten Zeitraums (zum Beispiel 15 bis 20 Minuten) zum Ausgangspunkt zurückzukehren, ohne von einem Gendarm gefangen zu werden.

Der Schlangenfänger (ab 6)

Ein Kind wird zum Schlangenfänger bestimmt. Die anderen Kinder bilden eine Schlange, indem sie hintereinander stehen und sich an den Schultern des jeweiligen Vordermannes fest halten. Der Schlangenfänger versucht nun, die Schlange an ihrer empfindlichsten Stelle zu packen, nämlich an ihrem Schwanz. Doch die Schlange verteidigt sich natürlich, denn sie hat grauenvolle Giftzähne.
Gelingt es dem Schlangenfänger, die Schlange zu fangen, oder reißt die Schlange, so hat der Fänger gewonnen. »Beißt« die Schlange jedoch den Fänger, so hat sie gewonnen.

Deckelrennen (ab 4)

Die Kinder werden in zwei Gruppen eingeteilt. Jede Gruppe bekommt einen Korb, in dem sich etwa zehn Behälter befinden, zum Beispiel leere Saftflaschen, Marmeladenglä-

ser, Cremetiegel, Einmachgläser und Ähnliches. In einem weiteren Korb liegen die dazugehörigen Schraubdeckel der Behälter in einem wilden Durcheinander.
Auf ein Startzeichen hin rennt ein Kind los zum Deckelkorb, schnappt sich einen Deckel, läuft zurück und versucht, den dazugehörigen Behälter in seinem Korb zu finden. Passt der Deckel nicht, so bringt ihn das nächste Kind zum Deckelkorb zurück und nimmt einen anderen mit. Die Gruppe, die zuerst alle Behälter verschlossen hat, hat gewonnen.

Schnitzeljagd, Rallye und Schatzsuche

Schnitzeljagd, Rallye und Schatzsuche sind bei Kindern sehr beliebt und können sich über einen ganzen Nachmittag hinziehen. Allerdings müssen Sie solche Partyhöhepunkte besonders gründlich vorbereiten und planen, damit die Kinder nicht irgendwo hängen bleiben oder sich ein Unbekannter mit dem Schatz aus dem Staub macht. Die Aufgaben sollten nicht zu schwer sein, damit die Kinder nicht die Lust am Spiel verlieren.

Schnitzeljagd (ab 8)

Bei einer Schnitzeljagd werden die Kinder in zwei Gruppen eingeteilt. Die erste Gruppe besteht aus zwei bis drei Personen. Sie peilt ein Ziel an, das nur sie kennt. Dabei hinterlässt sie eine Spur, damit die andere Gruppe ihr folgen kann. Traditionell bestand diese Spur aus Papierschnitzeln (daher der Name des Spiels), doch sollten Sie diese unbedingt wieder einsammeln, da Sie sonst Ärger bekommen können. Besser geeignet sind Hobelspäne, die liegen bleiben dürfen. In der Stadt können die Kinder auch Kreidepfeile als Wegweiser hinterlassen. Dabei darf die erste Gruppe auch Sackgassen legen oder die andere Gruppe gezielt in die Irre führen. Die zweite Gruppe startet nun 15 Minuten nach der ersten, folgt den Schnitzeln und versucht, die erste Gruppe einzuholen. Gelingt der zweiten Gruppe dies, so hat sie gewonnen. Im anderen Fall ist die erste Gruppe Sieger.

Tipp

Achten Sie darauf, dass beide Gruppen ein Handy dabei haben, so dass sie miteinander Kontakt aufnehmen können, falls die zweite Gruppe die Spur verliert.

Rallye (ab 10)

Bei einer Rallye müssen die Kinder eine bestimmte Strecke in einer bestimmten Zeit absolvieren. Dabei sind eine ganze Reihe unterschiedlicher Aufgaben zu lösen. Dies macht den Kindern meist sehr viel Spaß, doch Sie als Eltern müssen ein wenig Zeit investieren und die Rallye gründlich vorbereiten. Wie die Rallye abläuft, hängt im Wesentlichen von den örtlichen Gegebenheiten ab. So können die Kinder zum Beispiel zu Fuß, auf Inlineskates oder mit dem Fahrrad losziehen oder zwischendurch auch öffentliche Verkehrsmittel benutzen. Haben Sie dabei immer auch das Alter und den Grad der Selbstständigkeit der Kinder im Auge. Grundsätzlich sollten Sie Kinder unter zehn Jahren nicht alleine losziehen lassen. Da sich die Kinder vom Spiel mitreißen lassen und unbedingt gewinnen wollen, werden sie nämlich leicht unaufmerksam oder leichtsinnig. Besser ist es daher, wenn mit jeder Gruppe eine erwachsene Begleitperson mitgeht. Diese greift aber nicht ins Spiel ein, sondern hält lediglich ein wachsames Auge auf die Kinder.
Am Start der Rallye erhält jede Gruppe eine Liste mit den Etappen, die sie zu bewältigen hat. Damit sich die Kinder

nicht ständig über den Weg laufen, können Sie sie auch an unterschiedlichen Punkten oder in entgegengesetzter Richtung starten lassen. Die Aufgaben können entweder schon auf der Liste stehen oder sie werden am jeweiligen Etappenziel bekannt gegeben. Kennzeichnen Sie die jeweiligen Etappen deutlich. Falls Sie dort etwas für die Kinder hinterlegen (zum Beispiel einen Briefumschlag mit der betreffenden Aufgabe), achten Sie darauf, dass der Wind die Botschaften nicht wegwehen kann oder ein umweltbewusster Spaziergänger sie einfach in den nächsten Mülleimer wirft.

Tipp

Jede Gruppe sollte ein Handy (und Ihre Telefonnummer) dabei haben, falls sie einmal irgendwo hängen bleibt. Auch ein Stadtplan gehört fest zur Ausrüstung einer jeden Gruppe. Müssen die Kinder in einem Laden etwas Bestimmtes kaufen, so sollten Sie ihnen auch das Geld dafür mitgeben. Vergeben Sie für jede richtig gelöste Aufgabe eine bestimmte Anzahl von Punkten. Darüber hinaus können Sie bei der Wertung auch berücksichtigen, welche Gruppe die beste war. So kann die schnellste Gruppe zum Beispiel zwei Punkte, die zweite Gruppe einen Punkt erhalten. Der Sieger sollte natürlich einen Pokal, eine Medaille oder Ähnliches bekommen, doch auch die Zweiten sollten nicht leer ausgehen: Eine Urkunde sollte zumindest für jeden Teilnehmer drin sein.

Welche Aufgaben eignen sich denn nun für eine Rallye? Das kommt ganz darauf an, wo die Rallye stattfindet. Wenn Sie die Kinder quer durch die Stadt schicken, können Sie Sehenswürdigkeiten und Geschäfte einbeziehen. Fragen könnten hier zum Beispiel lauten:

- »Ihr steht nun vor dem Rathaus. Welches Tier ist auf dem Stadtwappen abgebildet?«

- »Wie hoch ist der Turm der Stephanskirche?«
- »Wie lautet die Inschrift auf dem Stadttor?«
- »Im Park ist eine Bank besonders gekennzeichnet. Welche Bäume stehen neben dieser Bank?«
- »Wie viele Kirchtürme könnt ihr von einem bestimmten Platz aus erkennen?«
- »Welche Apotheke hat heute Notdienst?«
- »Welcher Baum steht vor dem Haus in der Berliner Straße 10?«
- »Welches Verkehrsschild steht an der Ecke der Münchner Straße? Malt es auf euren Aufgabenzettel!«
- »Wie viel kostet die Hose der linken Schaufensterpuppe bei ›Mode Huber‹?«
- »Wer lebte früher in dem Haus in der Parkstraße 3 (zum Beispiel ein Dichter oder Komponist, dem zu Ehren dort eine Tafel angebracht ist)?«

Außerdem können Sie den Kindern noch viele weitere knifflige Aufgaben mit auf den Weg geben:

- »Wie viel kostet eine Kugel Eis in der Eisdiele ›San Marino‹?«
- »Geht in das Schreibwarengeschäft ›Müller‹ und lasst euch von der Verkäuferin einen Stempel geben.« (Nach Möglichkeit sollte das Geschäft vorher eingeweiht sein).
- »Findet heraus, um wie viel Uhr der nächste Zug nach Hamburg fährt.«
- »Bringt drei Gegenstände mit, die mit ›a‹ anfangen.«
- »Welche Spielgeräte findet man auf dem Spielplatz im Stadtpark?«
- »Wie lang ist die Turmstraße?« (Wer am besten geschätzt hat, bekommt die meisten Punkte)
- »Bringt einen Bierdeckel aus dem Gasthaus ›Zum Ochsen‹ mit!«

- »Welche Telefonnummer hat die Reinigung in der Parkstraße?«
- »Besorgt eine Zeitung vom heutigen Tag.«
- »Kauft im Supermarkt drei Gegenstände, die zusammen genau 1,99 Euro kosten.« (Wer diesem Betrag am nächsten kommt, erhält die meisten Punkte).

Sie können die Rallye auch auf ein Stadtgebiet oder eine bestimmte Sehenswürdigkeit beschränken, zum Beispiel auf ein Museum oder den Zoo. Die Kinder müssen dann Details zu verschiedenen Exponaten herausfinden, die Herkunftsländer von Tieren benennen oder einfach nachzählen, wie viele Elefanten es im Zoo gibt. Viele Museen haben bereits spezielle Fragebögen für Kinder vorbereitet – Sie können sich hier also ein wenig Arbeit sparen! Allerdings sollten Sie bei einer Museums- oder Zoorallye lediglich die richtigen Antworten bewerten und nicht die Zeit, innerhalb derer die Gruppe dies geschafft hat. Schließlich sollen sich die Kinder im Museum alles anschauen, was sie interessiert, und nicht unter Zeitdruck stehen.
Kinder, die in eher ländlichen Gebieten leben, können ebenfalls einige interessante Aufgaben lösen:

- »Bringt je ein Blatt von fünf verschiedenen Baumarten mit.«
- »Wie viele Pferde stehen auf einer bestimmten Koppel?«
- »Pflückt einen Blumenstrauß mit möglichst vielen verschiedenen Blumen.«
- »An einer (bestimmten) Stelle im flachen Wasser des Sees liegt ein ›Schatz‹. Hebt diesen und bringt ihn mit!«
- »Sammelt 500 Gramm Steine« (Wer dem Gewicht am nächsten kommt, bekommt die meisten Punkte).

Darüber hinaus können Kinder auf dem Land und in der Stadt noch ein paar allgemeine Fragen lösen, die nicht an bestimmte örtliche Gegebenheiten gebunden sind. In solchen Fällen sollten Sie die Fragen jedoch nicht vorab bekannt geben, damit die Kinder sie nicht einfach auf die Schnelle beantworten können. Vielmehr finden die Kinder an einer Etappe einen Umschlag, in welchem die betreffende Frage auf einem Zettel steht, zum Beispiel:

- »Wer wurde dieses Jahr deutscher Fußballmeister?«
- »Wie heißt euer Klassenlehrer mit Vornamen?«
- »Welches Autokennzeichen hat die Stadt (xxx)?«
- »Nennt mindestens drei Länder, die in Afrika liegen!«
- »Wie groß ist der Vater des Geburtstagskindes?« (Wer mit seiner Schätzung der wahren Größe am nächsten kommt, bekommt die meisten Punkte.)

Neben all diesen Aufgaben können Sie den Kindern schließlich noch einige kreative oder sportliche Aufgaben mit auf den Weg geben. Bereiten Sie dazu eine Etappe der Rallye entsprechend vor, zum Beispiel, indem Sie dort einen Hindernisparcours anlegen oder Malzeug bereitstellen. Beispiele für solche sportlichen und kreativen Aufgaben sind:

- Lauf- und Wurfwettbewerbe aus dem Kapitel »Kinderolympiade«
- »Malt ein Porträt eures Klassenlehrers.«
- »Erfindet einen Werbespruch für eine Hausaufgabenlöse-Maschine.«
- »Baut aus den hier gesammelten Dosen einen Turm, der mindestens einen Meter hoch sein muss.« Wer es am schnellsten schafft, bekommt die meisten Punkte.
- »Verfasst ein vierzeiliges Gedicht, das von einem Elefanten handelt.«

Zusätzlich können Sie jeder Gruppe ein Diktiergerät mitgeben, das es den Kindern ermöglicht, alle möglichen Ge-

räusche aufzunehmen. So können sie zum Beispiel einen Passanten bitten, »Alle meine Entchen« zu singen oder die Glocken des Doms aufzeichnen.
Wer möchte, kann die Rallye auch unter ein bestimmtes Motto stellen – je nachdem, wo sie stattfindet. Wer ganz im Wald spielt, kann dort einen Parcours anlegen, bei dem die Kinder auf Bäume klettern oder über Baumstämme balancieren müssen, Blätter oder Tannenzapfen sammeln, das Alter eines Baumstumpfes bestimmen, Tierspuren erkennen, ein Stück Müll aufsammeln und Ähnliches.
Und wie werden die Kinder nun von einem Ort zum nächsten geschickt? Wer den Kindern nicht von Anfang an eine Liste mit allen Etappen mitgeben möchte, kann an jeder Etappe eine Botschaft hinterlassen, die die Kinder auf das nächste Ziel hinweist. Dies können Sie zum Beispiel so machen:

- Malen Sie einen Wegweiser zum entsprechenden Ort und zerschneiden Sie ihn in mehrere Teile, so dass ihn die Kinder wie ein Puzzle zusammensetzen müssen.
- Schreiben Sie jedes Wort der Botschaft auf einen eigenen Zettel. Aufgabe der Kinder ist es, die Zettel dann in die richtige Reihenfolge zu bringen.
- Verwenden Sie Zahlen statt Buchstaben (a = 1, b= 2, c = 3 usw.)
- Verschlüsseln Sie die Botschaft in einem Bilderrätsel.
- Die Kinder finden ein Buch und einen Zettel. Auf dem Zettel finden sich rätselhafte Angaben, zum Beispiel »Seite 25, Zeile 10, Wort 3«. Aus den so gekenn-zeichneten Wörtern setzen die Kinder die Botschaft zusammen.
- Drücken Sie den Kindern das Foto eines Hauses in die Hand und geben Sie einen groben Hinweis, in welcher Gegend das Haus zu finden ist. Die Kinder erhalten eine neue Aufgabe, wenn sie dort klingeln (also am besten das Haus eines Bekannten nehmen).

Schatzsuche (ab 8)

Eine Schatzsuche funktioniert ähnlich wie eine Schnitzeljagd oder Rallye. Der Unterschied liegt darin, dass hier nicht zwei Mannschaften gegeneinander antreten. Die Kinder suchen gemeinschaftlich nach einem verborgenen Schatz. Sie hangeln sich gemeinsam von Etappe zu Etappe vor, finden immer wieder Aufgaben, die sie lösen müssen, oder Botschaften, die sie enträtseln müssen, welche dann zur nächsten Etappe führen. Am besten lässt sich dieses Spiel durchführen, wenn zwei Erwachsene mitmachen. Einer von beiden kann dann bei der Gruppe bleiben, sie begleiten und darauf achten, dass nichts passiert und die Kinder den Weg nicht verlieren. Der andere Erwachsene ist der Gruppe immer einen Schritt voraus und legt die neuen Hinweise. Sie als Erwachsene haben natürlich ihre Mobiltelefone dabei, so dass sie miteinander in Kontakt bleiben.

Die rätselhaften Botschaften können Sie ähnlich formulieren wie im Abschnitt »Rallye« beschrieben. Darüber hinaus bietet sich hier aber auch eine Schatzkarte an, auf der Sie eine bestimmte Gegend – zum Beispiel einen Park oder ein Stück Wald – symbolisch oder verfremdet darstellen. Diese Karte versehen Sie dann mit allerlei rätselhaften Hinweisen.

Die rätselhaften Botschaften machen es den Kindern nicht allzu leicht, den Schatz zu finden. Außerdem wird dieser natürlich von schauerlichen Gestalten verteidigt. So können beispielsweise Gespenster oder böse Zauberer den Kindern den Weg versperren. Diese müssen dann erst überlistet oder gebannt werden, bevor es weitergeht. Der Zauberer kann den Kindern zum Beispiel ein weiteres Rätsel stellen oder sie mit einer Scherzfrage herausfordern. Wenn die Kinder die richtige Lösung finden, bleibt der Zauberer stocksteif stehen und die Kinder können ungehindert passieren. Das Gespenst bringen sie mit einem Witz derart zum Lachen, dass es unaufmerksam wird. Als Folge kann es die Kinder nicht mehr fangen. Falls Sie solche Gestalten in Ihre Schatzsuche einplanen, benötigen Sie natürlich weitere Helfer. Und was steht am Ende der Schatzsuche? Nun, natürlich der Schatz: Eine Kiste, die im Boden vergraben ist und allerlei kleine Geschenke enthält. Da die Kinder nach der aufregenden Suche ziemlich erschöpft und hungrig sein werden, freuen sie sich bestimmt auch, wenn ein Picknick oder ein kleiner Imbiss auf sie wartet.

Kinderolympiade

Eine Olympiade ist immer ein Hit – je skurriler die Sportarten sind, umso mehr Spaß werden die Kinder daran haben. Teilen Sie die Kinder in Mannschaften ein. Je nachdem, wie viele Kinder an der Party teilnehmen, können dies zwei bis vier Mannschaften sein. Damit alles fair abläuft, losen Sie die Mannschaften am besten aus. Natürlich gehört zu einer solchen Olympiade der entsprechende festliche Rahmen. Wie bei den richtigen Olympischen Spielen können Sie auch hier mit einem Fackellauf beginnen. Jede Mannschaft erhält eine brennende Kerze und trägt sie in einem Staffellauf um Ihr improvisiertes »Stadion«. Wer als Erstes die große Olympiakerze erreicht, darf diese feierlich anzünden. Außerdem können Sie den einzelnen Mannschaften Fantasie-Ländernamen zuteilen und die entsprechenden Fahnen anfertigen. Am Ende des Wettkampfes steht selbstverständlich eine Siegesfeier, bei der Medaillen und Urkunden überreicht werden. Auch die entsprechenden »Nationalhymnen« werden nun gespielt. Nicht fehlen dürfen die Sportreporter, die das Ereignis begleiten und dokumentieren. Sie selbst haben als Spielleiter dazu nur wenig Zeit. Heuern Sie Freunde, Verwandte oder ältere Geschwister der Kinder als Fotografen

an, damit sie die schönsten Augenblicke der Olympiade festhalten. Ganz klar, dass jeder Teilnehmer ein kleines Fotoalbum bekommt!
In den folgenden Abschnitten finden Sie nun einige Sportarten, aus denen Sie Ihre ganz individuelle Olympiade zusammenstellen können. Packen Sie das Programm nicht zu voll, damit sich die Kinder nicht überanstrengen. Meist genügen ein bis zwei Lauf- und Wurfwettbewerbe, ein Sprungwettbewerb, eine Geschicklichkeitsübung und ein bis zwei ausgefallenere Wettbewerbe. Leichte »sportliche« Wettkämpfe können die Kinder schon ab einem Alter von sechs Jahren bewältigen, für die anstrengenderen und komplizierteren Aufgaben sollten sie etwa acht bis zehn Jahre alt sein.

Wettläufe

Eine Teildisziplin einer Olympiade ist immer der Wettlauf. Legen Sie die Strecke vorher fest. Meist genügt schon eine Distanz von etwa zehn Metern, im eigenen Garten kann es auch etwas kürzer sein. Die Kinder treten entweder einzeln gegeneinander an oder aber sie führen den Wettlauf als Staffellauf durch. Das heißt: Ein Kind läuft. Wenn es wieder bei seiner Gruppe angekommen ist, schlägt es das nächste Kind an der Hand ab, dann darf dieses Kind loslaufen.
Doch ein einfaches Wettrennen wäre ja langweilig. Überlegen Sie sich für Ihre Kinderolympiade lieber ganz besondere Aufgaben, zum Beispiel:

- **Fuß in der Luft:** Beim Laufen dürfen nur die Hände und ein Fuß den Boden berühren, der andere Fuß muss in der Luft gehalten werden.
- **Füße umfassen:** Die Kinder umfassen ihre Fußgelenke und laufen rückwärts.
- **Zwischen die Knie klemmen:** Beim Laufen halten die

Kinder etwas zwischen ihren Knien fest, zum Beispiel einen kleinen Ball oder einen Bierdeckel. Dieser Gegenstand darf nicht herunterfallen oder mit den Händen berührt werden.

- **Kopfträger:** Die Kinder tragen etwas auf dem Kopf, zum Beispiel ein Buch. Auch dieses darf nicht herunterfallen oder mit den Händen berührt werden.
- **Froschrennen:** Die Kinder hüpfen wie Frösche aus der Hocke heraus.
- **Wasserlauf:** Während des Laufes halten die Kinder einen Plastikbecher in der Hand, der randvoll mit Wasser gefüllt ist. Im Ziel angekommen, gießen sie den Inhalt in einen bereitstehenden Behälter, dazu dient ein Eimer oder eine Schüssel. Die Mannschaft, in deren Behälter sich am Schluss am meisten Wasser befindet, hat gewonnen.
- **Kartoffellauf:** Die Kinder halten einen Esslöffel mit einer Kartoffel darauf in der Hand. Die Kartoffel darf nicht herunterfallen.
- **Dreibeiner:** Jeweils zwei Kinder werden an den Beinen zusammengebunden, so dass sie zu zweit laufen und ihre Bewegungen koordinieren müssen.
- **Olympische Fackel:** Die Kinder tragen eine brennende Kerze, deren Flamme nicht erlöschen darf.
- **Schubkarrenrennen:** Ein Spieler hält die Füße eines anderen Kindes in die Höhe und schiebt so seinen Partner vorwärts. Nach der Hälfte der Strecke wird getauscht.
- **Verkleidungswettlauf:** Die Kinder rennen über ein Spielfeld bis an einen bestimmten Punkt, an dem ein Koffer mit verschiedenen Kleidungsstücken liegt. So schnell wie möglich anziehen und dann den Rest des Rennens absolvieren!
- **Taucher unterwegs:** Den Kindern werden Flossen an die Füße gesteckt. So absolvieren sie die Rennstrecke.

- **Der rollende Reifen:** Die Kinder rollen während des Laufens einen Autoreifen neben sich her.
- **Eimerlaufen:** Die Kinder stehen mit jedem Fuß in einem Eimer und legen so die vorgeschriebene Rennstrecke zurück.
- **Bierdeckellauf:** Den Kindern dienen als Hilfsmittel drei Bierdeckel, auf denen sie sich bewegen dürfen. Beim Start nimmt das Kind einen Bierdeckel und wirft ihn so weit nach vorne, dass es sich mit dem Fuß darauf stellen kann. Dasselbe geschieht mit dem zweiten Bierdeckel. Nun steht das Kind mit beiden Füßen auf je einem Bierdeckel und wirft den dritten Bierdeckel nach vorne. Schwierig ist es, den hinter ihm liegenden Deckel aufzuheben und diesen wieder vor sich hin zu werfen. So geht es dann weiter, bis das Kind das Ziel erreicht hat. Wer den Boden berührt, scheidet aus.
- **Schildkröten-Wettlauf:** Alle Kinder einer jeden Mannschaft stecken unter einer großen Decke oder einem Bettlaken. Nur ein Kopf darf herausschauen, alle anderen Köpfe bleiben unter der Decke. So krabbeln die Schildkröten dann vom Start bis zur Ziellinie.
- **Purzelbäume im Wasser:** Dieser Wettlauf der besonderen Art findet mit einem Planschbecken statt. Achten Sie drauf, genügend Klamotten zu haben, die nass werden dürfen. Das erste Kind muss zum Beispiel ein Hemd und eine Hose über die Badehose ziehen und dann einen Purzelbaum durchs Planschbecken machen. Auf der anderen Seite zieht es sich so schnell wie möglich wieder aus, das nächste Kind zieht die nassen Klamotten an, macht einen Purzelbaum durch das Becken und so weiter. Gewonnen hat diejenige Mannschaft, welche am schnellsten das Planschbecken durchquert hat.
- **Deckenrutschen:** Diese »Sportart« ist eine etwas andere Variante eines Wettlaufes. An der Startlinie werden zwei Wolldecken ausgebreitet, auf denen je zwei Kinder einer

Mannschaft Platz nehmen. Auf ein Kommando hin müssen sie sich nun auf der Decke zur etwa fünf bis zehn Meter entfernten Ziellinie bewegen. Wie sie das anstellen, bleibt den Kindern überlassen – wichtig ist, dass sie nicht die Decke verlassen. An der Ziellinie steigt ein drittes Kind mit auf und die Kinder rutschen zum Ausgangspunkt zurück. Dann kommt ein viertes Kind dazu und so weiter, bis schließlich alle Kinder auf der Decke sitzen. Die schnellste Mannschaft, die vollständig die Ziellinie überquert, hat gewonnen.

- **Sackhüpfen:** Dieses Spiel kennen Sie sicherlich aus Ihrer eigenen Kindheit. Für jedes Kind (oder für jede Mannschaft) benötigen Sie einen Sack. Es muss nicht unbedingt ein echter Leinensack sein, ein großer Müllbeutel reicht auch aus. Halten Sie in diesem Fall jedoch ein paar Ersatzsäcke bereit, für den Fall, dass ein Plastiksack reißt. Ein Kind steigt in einen Sack und versucht hüpfend das Ziel zu erreichen. Auch diesen Wettlauf können Sie entweder als Einzelkampf oder als Staffellauf durchführen.
- **Sackrollen:** Bei diesem Spiel legen sich die Kinder in einen Leinensack, der dann oben locker zugebunden wird. Je nach Größe der Säcke können auch zwei bis drei Kinder in einen Sack krabbeln. Auf ein Startzeichen hin rollen die Kinder dann seitlich bis zur Ziellinie.
- **Stelzenlauf:** Aus Dosen und Schnüren können Sie ganz einfach Stelzen bauen. Bohren Sie zwei Löcher in die jeweils gegenüber liegenden Seiten am Boden der Dose. Befestigen Sie an die zwei Enden einer Schnur je ein Streichholz und stecken Sie die Streichhölzer so durch die Löcher in die Dose, dass die Schnur fest verankert ist: Die Kinder stellen die Füße auf die Dose und ziehen mit Hilfe der Schnur die Dose nach oben. Auf diesen »Stelzen« legen sie dann eine bestimmte Strecke zurück.

- **Hindernislauf:** Warum eine einfache Rennstrecke nehmen, wenn man doch so schöne Hindernisse einbauen kann? Stellen Sie einen Tisch auf die Rennstrecke, unter dem die Kinder hindurch krabbeln müssen. Oder eine mit Wasser gefüllte Wanne. Die Kinder springen dann hinüber. Stellen Sie ein paar Stühle hintereinander auf. Die Kinder laufen dann über diese Stühle hinweg. Achtung! Achten Sie hier darauf, dass die Stühle stabil sind und nicht umfallen, wenn ein Kind darauf tritt. Dann klettern die Kinder über eine Stehleiter, die ein Erwachsener fest halten sollte. Ein kurzes Stück des Parcours können die Kinder rückwärts gehen – entweder mit einem Spiegel zur Orientierung oder auch ohne. Zu guter Letzt krabbeln die Kinder noch durch einen beidseitig geöffneten Karton. Tipp: Spannende Variante dieses Wettbewerbs ist der Reitwettbewerb. Ein Kind nimmt dabei ein anderes Kind huckepack und überwindet so die verschiedenen Hindernisse.

Weitsprung

Den Weitsprung kennen die Kinder aus der Schule, allerdings läuft er bei dieser Olympiade etwas anders ab: Hier springt nämlich nur das erste Kind von der Startlinie los, während die anderen, nachfolgenden Kinder jeweils von dem Punkt starten, an dem ihr Vorgänger gelandet ist. Sieger ist derjenige, wessen Mannschaft insgesamt die längste Strecke zurückgelegt hat.

Wurfübungen

Zu einer richtigen Olympiade gehören auch einige Übungen im Werfen. So können die Kinder zum Beispiel versuchen, Tannenzapfen in einen Korb zu werfen. Oder Sie hängen einen kleinen Reifen an einem Baum auf. Die Kinder müssen nun einen Ball durch ebendiesen werfen.

- **Sehr beliebt ist das Dosenwerfen:** Bauen Sie eine Pyramide aus Dosen auf. Mit einem Ball zielen die Kinder nun auf diese Pyramide. Wer insgesamt die meisten Dosen umwirft, hat gewonnen. Sie können jedoch auch mehrere Dosen – etwa zwölf bis fünfzehn Stück – dicht aneinander stellen und mit einer Schnur zusammenbinden. In jeder Dose liegt ein Zettel mit einer Punktezahl. Zum Beispiel fünf, zehn oder fünfzehn. Die Kinder stellen sich an einer rund fünf Meter entfernten Wurflinie auf. Sie dürfen dreimal mit einem Tischtennisball nach den Dosen werfen. Wer die meisten Punkte gesammelt hat, ist Sieger dieser Runde. Etwas schwieriger wird es, wenn Sie ein wenig Wasser in Luftballons füllen und die Kinder damit werfen lassen.
- **Auch das Ringewerfen** macht den meisten Kindern viel Spaß. Dazu stecken Sie einige Stöcke in die Erde. Die Kinder müssen nun Ringe über die Stöcke werfen. Je mehr Ringe über die Stöcke fallen, umso mehr Punkte erhält das Kind. Auch für den Ring, der am schwierigsten zu erreichen ist, gibt es eine Sonderpunktzahl. Eine Variante für Naschkatzen ist die folgende: Statt Stöcken nehmen Sie Lutscher und stecken diese in eine große Styroporplatte. Jedes Kind darf die Lutscher, die es trifft, behalten.
- **Hier eine weitere Idee für einen Wurfwettbewerb:** Hängen Sie einen Korb mit einer Schnur an einen Baum oder eine Teppichstange und schubsen ihn so an, dass er gleichmäßig hin und her schaukelt. Die Kinder stehen nun an einer etwa fünf Meter entfernten Wurflinie und versuchen, einen Tennisball in den Korb zu werfen. Jedes Kind hat drei Versuche, während der Ball im Korb liegen bleiben sollte.

- **Auch aus einem großen Eierkarton** können Sie ein Wurfgerät basteln. Schreiben Sie verschiedene Zahlen in die Vertiefungen des Eierkartons. In die äußeren Vertiefungen niedrige Zahlen, in die mittleren etwas höhere und ins Zentrum schließlich die höchste, zum Beispiel 50. Ein Kind wirft nun eine Walnuss, ein anderes Kind der Mannschaft versucht, die Walnuss mit dem Eierkarton aufzufangen. Jedes Kind hat drei Würfe. Gewonnen hat die Mannschaft, die am Schluss die meisten Punkte gesammelt hat.
- **Kugelstoßen:** Stecken Sie drei kleine Steine in einen aufgeblasenen Luftballon. Dieses Geschoss muss von den Kindern möglichst weit weg geworfen werden.

Wettfliegen

Keine Bange, niemand wird sich hier in die Lüfte erheben! Für dieses Spiel benötigen Sie zwei Papierflieger in verschiedenen Farben. Die Kinder stehen an einer Startlinie, in einiger Entfernung markiert eine Decke den Landeplatz der Flieger. Je mehr Kinder mitspielen, umso weiter kann dieser Landeplatz entfernt sein.
Das erste Kind einer Mannschaft wirft nun den Papierflieger in die Luft. Die Kinder laufen dorthin, wo der Flieger gelandet ist und werfen von dort aus den Flieger wieder in die Luft. Gewonnen hat diejenige Mannschaft, deren Flieger als erster auf dem Landeplatz, sprich der Wolldecke, landet.

Fechten

In einem Abstand von etwa 1,50 Metern stehen sich zwei Kinder auf umgedrehten Eimern gegenüber. Sie versuchen, sich gegenseitig mit Hilfe langer Stöcke von den Eimern zu stoßen. Aber nur stoßen, nicht schlagen! Damit sich die

Kinder nicht verletzen, polstern Sie doch die Stöcke am Ende mit einem Kissen oder Schaumgummi.

Schießen

Auch Schießen ist eine olympische Disziplin. In unserem Fall schießen die Kinder mit Wasserpistolen auf brennende Kerzen. Welche Mannschaft kann die meisten Kerzen auslöschen?

Ball über die Schnur

Dieses Spiel ist eine Vorstufe von Volleyball, allerdings mit einfacheren Regeln. Stecken Sie ein Spielfeld ab (seine Größe hängt von der Anzahl der Spieler ab) und spannen Sie etwa in der Mitte des Feldes eine Schnur in Höhe von ungefähr 1,50 Metern. Der Ball wird eingeworfen, darf den Boden nicht berühren. Jede Mannschaft darf den Ball dreimal berühren, bevor sie ihn dann endgültig über die Schnur ins gegnerische Spielfeld befördern muss. Jedes Mal, wenn der Ball die Schnur überquert, bekommt die Mannschaft, die ihn hinüber befördert hat, einen Punkt. Fällt der Ball auf den Boden, erhält die betreffende Mannschaft, die dafür zuständig war, einen Minuspunkt.

Besenhockey

Diesen sportlichen Wettkampf sollten Sie auf einem glatten Untergrund kämpfen. Stellen Sie zwei Stühle etwa fünf bis zehn Meter voneinander entfernt auf. Diese markieren die Tore. Die Spieler jeder Mannschaft haben nun jeweils einen Besen in der Hand und versuchen nun, einen Putzlappen, der als Puck dient, ins gegnerische Tor zu befördern.

Ski laufen

Auch im Sommer kann man Ski laufen. Sie benötigen für jede Mannschaft zwei Bretter, die etwa zwei Meter lang und 15 cm breit sein sollten. In einem Abstand von etwa 50 cm nageln Sie nun auf jedes Brett drei stabile Schlaufen.
Beim Wettkampf schlüpfen nun jeweils drei Kinder mit den Füßen in diese Schlaufen und versuchen so, eine bestimmte Strecke zurückzulegen.

Wettbewerbe mit dem Fahrrad

Kinder, die sich auf dem Fahrrad schon sehr sicher fühlen, können auch auf diesem Verkehrsmittel einige Wettkämpfe austragen. So können die Kinder zum Beispiel in einer Hand eine mit Wasser gefüllte Kaffeetasse samt Untertasse halten und so eine bestimmte Strecke zurücklegen. Ganz klar, dass dabei kein Wasser verschüttet werden darf! Eine weitere Aufgabe kann es sein, während es Fahrradfahrens Ringe über eine Stange zu werfen oder aber sich so durch einen Slalom-Parcours aus Dosen zu schlängeln, dass keine Dose umfällt.

5. Kapitel

Motto- und Themenpartys

Motto- und Themenpartys sind eine besondere Attraktion für Kinder: Ob Sie nun im Dschungel feiern oder die Kinder in den Wilden Westen entführen: Das hängt vor allem von den Wünschen des Geburtstagskindes ab. Eine Mottoparty können Sie das ganze Jahr über feiern, nicht nur zur Faschingszeit. Eine Gruselparty passt zwar gut zu Halloween, doch macht sie auch zu anderen Jahreszeiten viel Spaß. Wichtig ist vor allem, dass das Motto die gesamte Feier durchzieht – von den Einladungen über die Dekorationen und das Essen bis hin zu den Spielen. Teilen Sie den Kindern auf der Einladung mit, was sie erwartet, denn nur so können sie sich passend kostümieren. Zu jedem Motto sind hier ein paar Spiele angegeben. Allerdings eignen sich wirklich die allermeisten Spiele aus dem Kapitel »Spiele für drinnen« und »Spiele für draußen« für Themenpartys. Sie müssen nur Ihrer Fantasie freien Lauf lassen ... Bei den Tanzspielen zum Beispiel werden die Kinder schnell zu tanzenden Affen oder führen den »Tanz der Vampire« auf. Formulieren Sie die Spielanleitungen einfach so um, dass sie zum Motto Ihrer Party passen.

Harry Potter lässt grüßen: Zauber- und Hexenparty

Zauberer und Hexen sind nicht erst seit »Harry Potter« groß in Mode. Hier fällt jedem Kind eine passende Verkleidung ein – auch für Einladungen, Dekoration, Essen und Trinken sowie Spiele gibt es jede Menge Ideen und Vorschläge.

Die Einladung

Verfassen Sie die Einladung mit »Zaubertinte« – das wirkt ganz besonders geheimnisvoll. Diese Zaubertinte fertigen Sie ganz einfach selbst an: Nehmen Sie einen Esslöffel Zucker und lösen Sie ihn in einem halben Liter Wasser auf. An Stelle dieser Mischung können Sie übrigens auch Zitronensaft verwenden.
Schreiben Sie mit einer Feder und der selbst angefertigten Tinte den Text auf ein weißes Blatt Papier. Nur im Schein einer brennenden Kerze oder wenn das Blatt gebügelt ist, wird der Text sichtbar. Um den Kindern einen kleinen Tipp zu geben: Schreiben Sie an einer dezenten Stelle »Bitte bügeln« auf die Einladung.
Eine weitere Möglichkeit, die Einladung zu überbringen ist eine Zauberbox. Nehmen Sie für jedes Kind eine leere Streichholzschachtel. Bekleben Sie diese mit schwarzem Tonpapier und verzieren Sie sie dann mit vielen kleinen Sternchen (entsprechende Aufkleber gibt es im Schreibwarenhandel). Der Text der Einladung steht auf zwei gleich langen Papierstreifen, die etwa 1,5 cm breit sein sollten. Aus diesen basteln Sie dann eine »Hexentreppe«. Das geht so: Kleben Sie die zwei Papierstreifen rechtwinklig aufeinander und falten Sie die beiden im Zickzack – erst den senkrechten Streifen nach oben, dann den waagrechten nach links und so weiter, immer schön abwechselnd. Diese Hexentreppe kleben Sie dann in die Streichholzschachtel. Wenn die Kinder die Zauberbox öffnen, springt ihnen der Einladungstext entgegen.

Dekoration

Bei Magiern und Hexen darf es ruhig auch ein wenig schauerlich zugehen. Sie können daher zu den gleichen De-

korationsmaterialien wie bei der Gruselparty (siehe Seite 133) greifen.
Kündigen Sie die Attraktionen an, wenn zum Beispiel auf der Zauberparty ein berühmter Magier auftritt, der seine Zauberkünste vorführt (damit sind Sie gemeint!) Basteln Sie Plakate, auf denen Sie den Zauberer anpreisen. Neben einigen Fotos von Ihnen im Zauberkostüm sind auf den Plakaten auch typische Zauberutensilien wie Zauberstäbe, Zylinder, Kaninchen, Tauben oder Karten zu sehen.
Was wäre Harry Potter nur ohne seine Eule Hedwig? Lassen Sie im ganzen Zimmer Eulen umherflattern. Schneiden Sie diese ganz einfach aus Tonpapier aus, malen Sie ihnen ein Gesicht auf und bekleben Sie den Rumpf mit kleinen zusammengeknüllten Stückchen Krepppapier. Hängen Sie die Eulen an die Zimmerdecke.
Schön sieht es auch aus, wenn ein paar Reisigbesen und Zauberstäbe das Zimmer schmücken. Die Zauberstäbe basteln Sie aus Rundhölzern, die Sie schwarz anmalen und mit Glimmer und Sternchen verzieren.

Essen und Trinken

Schokofrösche oder Geleebohnen mit seltsamen Geschmäckern gibt es mittlerweile im Spielwarenhandel zu kaufen. Sie können den Kindern jedoch auch dieselben Gerichte wie bei einer Gruselparty servieren (siehe Seite 134).
Ein beliebter Snack ist ein Hexenkopf. Dabei werden natürlich nur böse Hexen verzehrt. Sie benötigen dazu Eis, Smarties, Lakritzstäbchen und eine Eiswaffel. Legen Sie eine große Kugel Eis auf einen Teller, geben Sie ihr ein Gesicht aus Smarties und Lakritzstäbchen und setzen Sie eine Eiswaffel als Hexenhut darauf. Fertig ist der Hexenkopf!

Spiele

Zaubersprüche: Jeder Zauberer hat seine ureigenen Zaubergeheimnisse. Damit diese auch funktionieren, hütet er einige wirksame Zaubersprüche wie einen Schatz. Zu Beginn der Party erhält jedes Kind die Aufgabe, sich seinen eigenen Zauberspruch auszudenken – wer hat die lustigste Idee?

Zauberer: Höhepunkt des Festes ist der Auftritt eines »echten« Zauberers. Einige Zaubertricks, die Sie mit wenigen Hilfsmitteln leicht einstudieren und vorführen können, finden Sie im Kapitel »Spielideen zum Zuschauen« (siehe Seite 82).
Bezaubernde Ballons: Wenn die Kinder Ihre Zaubershow ausgiebig bewundert haben, so dürfen sie auch selbst ein wenig zaubern – oder zumindest ein paar zauberhafte Dinge basteln. Im Spielwarenhandel gibt es Modellierballons – dies sind Luftballons, denen man allerlei lustige Formen geben kann.
So können die Kinder zum Beispiel Hunde und Katzen modellieren oder auch Fabelwesen, die man nur im Reich der Zauberer und Hexen kennt.

Wie im Wilden Westen: Cowboys und Indianer

Ob sich die Kinder für »Winnetou« und »Old Shatterhand« oder eher für den »Schuh des Manitu« begeistern – eines ist klar: Ein Nachmittag im Wilden Westen macht immer Spaß. Hier können die Kinder auch kostümiert erscheinen – so steht schon einmal fest, wer Cowboy und wer Indianer ist.

Die Einladung

Schneiden Sie einen Totempfahl aus Papier aus, bemalen Sie ihn bunt und schreiben Sie den Text hinein. Auch andere Motive aus dem Wilden Westen, zum Beispiel ein Indianerzelt, ein hoher stacheliger Kaktus oder eine Friedenspfeife können Sie dazu hernehmen.
Wie wäre es, wenn Sie einen Pfeil mit der Einladung überreichen? Basteln Sie Pfeile aus Haselzweigen oder Bambus. Mit farbigem Klebeband, Einkerbungen und einer Feder am Ende können Sie sie schön verzieren. Wichtig ist, dass jeder Pfeil anders aussieht. Schreiben Sie den Text auf einen Zettel und befestigen Sie ihn an dem Pfeil, der dann zur Party mitgebracht werden soll.
Sie erhalten den passenden Bogen, mit dem sie dann ein Wettschießen veranstalten.

Dekoration

Am besten lässt sich eine Wild-West-Party im Freien durchführen. Vielleicht haben Ihre Kinder ja ein Zelt, das Sie zum Tipi umgestalten können? Bauen Sie schnell eine Laubhütte aus Ästen. Oder: Stecken Sie sechs Bohnenstangen in die Erde, binden Sie sie oben zusammen und spannen Sie ein Bettlaken oder eine Wolldecke darüber.
Sollten Sie in der Wohnung feiern, müssen Sie trotzdem nicht auf ein Zelt verzichten: Bettlaken, die an der Schmalseite zusammengebunden und dann an einem kräftigen Haken an der Decke befestigt werden, bilden ganz schnell ein Zeltdach. Die jeweils unteren Enden der Laken binden Sie an Möbelfüßen fest.
Wenn Sie draußen feiern, sollte auch ein Lagerfeuer nicht fehlen. Am meisten Spaß macht es, wenn sich die Kinder ihr Brennholz selbst zusammensuchen. Wenn Sie im Garten

feiern, stellen Sie die Kohlenschale des Grills auf ein paar Steine und geben Sie Brennholz hinein.
Darüber hinaus können Sie einige Totempfähle aus Holz aufstellen.

Essen und Trinken

Wenn schon ein Lagerfeuer vorhanden ist, sollten Sie auch das Essen damit zubereiten – es muss ja nicht gleich ein Büffel sein. So können die Kinder zum Beispiel Würstchen an Stöcken über dem Feuer grillen, zum Nachtisch dann auch Marshmallows. Kartoffeln können Sie in Alufolie wickeln und in die Glut legen. Ein passender Wild-West-Snack sind Maiskolben.

Spiele

Indianertänze: Indianer dürfen gerne einen Indianertanz aufführen. Die passende Musik machen die Kinder selbst: Mit Trommeln und Rasseln, die Sie ganz einfach herstellen können. Füllen Sie dazu Dosen mit kleinen Steinen, Erbsen oder Reis und verschließen Sie sie gut – schon sind Ihre Rasseln fertig. Anstelle von Trommeln können Sie Plastikeimer oder Waschmitteltrommeln verwenden, auf die die Kinder dann mit Stöcken, Kochlöffeln oder den Händen einschlagen. Etwas hübscher werden die Trommeln, wenn Sie sie mit weißem Papier überkleben, mit Indianermustern bemalen oder mit Krepppapier umkleiden.

Wettläufe und Speerwerfen: Einige Wettbewerbe aus der Kinderolympiade können Sie leicht zu Wild-West-Spielen verändern. Laufwettbewerbe oder Hindernisläufe sind dann zum Beispiel Pferdewettrennen, bei denen Cowboys gegen

Indianer kämpfen. Schön, wenn Sie dazu noch zwei Steckenpferde haben, auf denen die Kinder um die Wette reiten! Wurfwettbewerbe können Sie mit Speeren austragen. Suchen Sie im Wald entsprechende Stöcke, die die Kinder erst verzieren (zum Beispiel mit Krepppapier, Federn oder Farben) und markieren, bevor sie dann um die Wette geworfen werden. Pfeil und Bogen können die Kinder ebenso leicht selbst anfertigen und dann damit schießen. Damit Sie am Tag der Party nicht den größten Teil der Zeit mit der Suche nach geeigneten Stöcken verbringen müssen, können Sie schon einmal vorarbeiten. Ziehen Sie am Tag oder am Wochenende vor der Feier los und suchen Sie welche. Achten Sie bei den Spielen unbedingt darauf, dass die Kinder sich nicht gegenseitig beschießen und sich auch nicht verletzen.

Tanz mit dem Lasso: Bei diesem Spiel bewegen sich die Kinder viel: Die Kinder bilden einen Kreis. Eines der Kinder steht in der Mitte und schwingt ein Lasso, ganz knapp über dem Boden. Das Lasso besteht in diesem Fall aus einer kräftigen Schnur, an deren Ende eine Socke mit einem Tischtennisball geknotet ist. Die Kinder müssen nun über das herum schwingende Lasso springen – wer hängen bleibt, scheidet aus.

Der große Medizinmann: Auch bei diesem Spiel wird getanzt. Ein Kind spielt den großen Medizinmann und gibt vor, wie getanzt wird. Die anderen Kinder ahmen seine Bewegungen nach. Je wilder der Medizinmann tanzt, umso mehr toben auch die Kinder herum. Dazu kann der Medizinmann seinen Tanz mit Beschwörungsrufen und Gesängen begleiten, in die die Kinder ebenfalls einstimmen.

Schnitzeljagd: Indianer sind ganz hervorragende Spurenleser, weshalb sich eine Schnitzeljagd wunderbar für eine Wild-West-

Party eignet. Gleich, ob die Indianer nun eine Gruppe Cowboys, einen verfeindeten Stamm oder eine Herde Büffel verfolgen: Wichtig ist, dass die Flüchtigen Spuren hinterlassen, die nicht immer einfach zu finden sind. Dazu gehören zum Beispiel Stöcke, die zu Pfeilen gelegt wurden, kleine Bändchen, die an Büsche gebunden werden, und Ähnliches. Am Ende der Verfolgungsjagd wartet ein Lagerfeuer auf die erfolgreichen Jäger.

Von Vampiren und Gespenstern: Gruselparty

Eine Gruselparty macht nicht nur zu Halloween viel Spaß. Ein schaurig-schönes Ambiente gefällt den meisten Kindern – achten Sie jedoch auch darauf, dass die Party nicht allzu schauerlich wird, damit niemand Angst bekommt.

Die Einladung

Wie bei der Zauberparty können Sie auch hier die Einladungen mit Zaubertinte verfassen (siehe Seite 127).
Falten Sie einen Bogen schwarzen Fotokarton in der Mitte und malen Sie mit einem weißen Stift allerlei gruselige Motive auf die Außenseite: Skelette, Gespenster und Ähnliches. Innen hinein schreiben Sie dann den Einladungstext.

Dekoration

Eigentlich genügt es bei der Gruselparty, das Zimmer zu verdunkeln, in welchem die Feier stattfindet. Zusätzlich können Sie noch ein paar ausgehöhlte Kürbisse mit Teelichtern darin aufstellen – so erhalten Sie eine schaurig-schummrige Beleuchtung. Schneiden Sie dazu den oberen Teil des Kür-

bis wie einen Deckel ab und höhlen Sie den Kürbis sauber aus. Lassen Sie dabei etwa zwei Zentimeter Fruchtfleisch stehen, denn so wird der Kürbis stabiler und fällt nicht so leicht zusammen. Anschließend malen Sie mit schwarzem Filzstift Augen, Nase und Mund auf den Kürbis auf und schneiden diese Muster mit einem scharfen Messer aus. Wenn Sie der Kürbislaterne den Deckel wieder aufsetzen, sollten Sie ein paar Luftlöcher hineinbohren – nur so bekommt die Kerze genügend Sauerstoff zum Brennen! Zur weiteren Beleuchtung können Sie Schwarzlichtlampen verwenden (im Elektrohandel erhältlich). Man setzt sie ganz einfach in die normalen Lampen. Alles, was weiß ist, leuchtet hell, alle anderen Farben sieht man fast nicht.
Möbel können mit weißen Leinen-Tüchern verhüllt werden. Hängen Sie noch ein paar weiße Luftballons auf, die Sie mit schwarzen Fratzen bemalen. Ein Gespenst erhalten Sie, wenn Sie einen alten weißen Kissenbezug über einen Luftballon stülpen und große schwarze Augen darauf malen. Dieses Gespenst hängen Sie dann an einer Vorhangstange, Lampe oder an der Decke auf. Auch Spinnweben sorgen für ein schauerliches Ambiente. Knüpfen Sie ein Netz aus Gummizwirn – der ist schön elastisch. Da hinein setzen Sie dann Spinnen, die Sie aus Wattekugeln und Pfeifenputzern basteln. Aus schwarzem Tonpapier können Sie Fledermäuse ausschneiden und von der Decke baumeln lassen.

Essen und Trinken

Modersirup – ein schauerlicher grüner Trunk: Für dieses geheimnisvolle Getränk brauchen Sie pro Kind 100 g Spinat, einen Teelöffel Honig, den Saft einer halben Zitrone und 1/8 Liter Milch. Den Spinat entsaften, den Saft mit dem Honig und Zitronensaft vermischen und in ein Glas geben. Mit Milch auffüllen.

Eiskaltes Händchen: Füllen Sie einen Einweghandschuh mit Kirschsaft und legen Sie ihn gut verschlossen für einige Stunden in die Gefriertruhe. Danach lösen Sie die Hand aus dem Handschuh und legen sie in eine Schüssel mit Mineralwasser – das sieht wirklich schauerlich aus!

Gespensteraugen: Für diesen gruseligen Snack brauchen Sie – je nach Anzahl der Kinder – einige Päckchen Waldmeister-Wackelpudding. Diese bereiten Sie nach Packungsanweisung zu. Verwenden Sie weniger Wasser als angegeben, damit der Pudding fester wird. Geben Sie die Flüssigkeit dann in Eiswürfelbehälter und stellen Sie sie in den Kühlschrank. Kurz bevor die Masse zu gelieren beginnt, geben Sie in die Mitte der »Augen« eine »Pupille«, zum Beispiel eine Rosine.

Vampirpudding: Bereiten Sie roten Wackelpudding nach Packungsanweisung zu, lassen Sie ihn etwas abkühlen und füllen Sie dann ein hohes Glas zur Hälfte mit dem Pudding. Setzen Sie vorsichtig ein Vampirgebiss in das Glas und füllen Sie dann den restlichen Pudding hinein.

Würmer in Blutsoße: Hinter diesem ekelerregenden Gericht verbergen sich ganz einfach Spaghetti mit Tomatensauce.

Braune Gespenster: Braune Gespenster sind eine beliebte Nascherei im Reich der Geister. Dahinter verbergen sich ganz einfach Mohrenköpfe, in die Sie mit einem warmen Messer Augen, Mund und Nase hineinbohren.

Spiele

Der gruselige Sack: Ein schauriges Spiel für eine Gruselparty ist eine Variante des Spiels »Der geheimnisvolle Sack« von Seite 64. Geben Sie in diesem Fall Dinge in einen Sack, die ein wenig eklig oder gruselig sind, zum Beispiel einen nassen Schwamm, eine halbe Zitrone, eine Gummispinne oder -schlange, einen Eiswürfel, eine kleine Maus aus Plüsch oder einen Luftballon, der nur ein wenig aufgeblasen und mit Wasser gefüllt ist. Die Kinder müssen dann im dunklen Zimmer in den Sack greifen und herausfinden, was alles darin ist.

Geisterbahn: Angsteinflößend ist natürlich eine Geisterbahn. Keine Angst, Sie müssen dazu nicht mit den Kindern auf einen Rummelplatz gehen – Sie können die Geisterbahn selbst bauen! Nehmen Sie mehrere große Kartons, Umzugskartons beispielsweise oder Umverpackungen von Elektrogeräten. Bauen Sie einen langen Tunnel: Öffnen Sie Boden und Deckel der Kartons und stellen Sie sie dann in einem Abstand von etwa einem Meter hintereinander. Die Zwischenräume verhüllen Sie mit dunklen Tüchern – so wird Ihre Geisterbahn noch länger. Dann bringen Sie allerlei schauerliche Dinge in der Geisterbahn an: Befestigen Sie Streifen aus Krepppapier an den Eingängen der Kartons, durch welche die Kinder hindurchkrabbeln müssen. Von der Decke der Geisterbahn baumeln zum Beispiel Gummispinnen, feuchte Tücher, schaurige Masken, Fellstückchen, halb mit Wasser gefüllte Luftballons (mit aufgemalten Fratzen) und Ähnliches. Die einzige Beleuchtung in der Geisterbahn sind kleine Taschenlampen, die Sie hinter schaurigen Masken verstecken. Zusätzlich können Sie gruselige Geräusche auf eine Kassette aufnehmen, zum Beispiel Kettenrasseln, das Heulen von Wölfen, ein Käuzchen,

Schreie, gespenstisches Lachen und so weiter. Diese Geräusche können Sie ganz einfach selbst produzieren, spielen Sie einfach einmal ein wenig mit Ihrem Aufnahmegerät herum!

Monstermaler: Falten Sie ein DIN A4 Blatt vier Mal wie eine Ziehharmonika. Nun malt ein Kind einen Monsterkopf in das erste Feld, aber so, dass die anderen Kinder ihn nicht sehen. Lediglich der Hals ragt einen Millimeter in das zweite Feld hinein. Dann faltet er den Kopf nach hinten um. Ein zweites Kind fügt nun den Oberkörper an, ein drittes den Unterkörper und ein viertes schließlich Beine und Füße. So entstehen viele grässliche Monster, von denen das schlimmste am Ende prämiert wird!

Gespenstertreffen: Bei diesem Spiel bilden je zwei Kinder ein Gespensterpaar. Jedes Paar macht einen schauerlichen Ruf aus, an dem es sich erkennen kann: Zum Beispiel ein Kreischen, ein »huh huh« oder Ähnliches. Dann werden die Paare getrennt. Jeweils ein Partner verlässt den Raum. Diesen Kindern werden die Augen verbunden, dann dürfen alle »blinden« Gespenster wieder zurück ins Zimmer. Die »sehenden« Gespenster locken nun ihre Partner mit Hilfe des vereinbarten Rufs wieder zu sich. Welches Paar ist als Erstes wieder vereint?

Tanz der Vampire: Dieses Spiel ähnelt dem bekannten Spiel »Mörder und Detektiv« (siehe Seite 59): Jedes Kind bekommt einen Zettel in die Hand gedrückt. Auf einem der Zettel steht das Wort »Vampir« geschrieben, die anderen Zettel sind alle leer. Niemand – außer dem Vampir selbst – weiß, wer der gefährliche Blutsauger ist. Dann löschen Sie das Licht im Zimmer, machen Musik an und die Kinder beginnen zu tanzen. Plötzlich ein Schrei – der Vampir hat ein Opfer gefunden und es am Ohrläppchen gezogen. Das

Opfer sinkt zu Boden. Dann geht das Licht wieder an und die Kinder müssen raten, wer der Vampir ist. Der Vampir muss ehrlich antworten. Wenn er entlarvt ist, werden die Zettel neu ausgeteilt und das Spiel beginnt von neuem. Finden die Kinder nicht heraus, wer der Vampir ist, so geht das Licht wieder aus und der Vampir sucht sich ein zweites Opfer.
Wer falsch rät, verliert ebenfalls sein Leben.

Hexenaugen: Haben Ihre Kinder schon einmal Hexenaugen gegessen? Nein? Dann ist es nun allerhöchste Zeit! Für dieses Spiel nehmen Sie zwei mit Wasser gefüllte Schüsseln. In diese legen Sie zwei Hexenaugen – das sind ganz einfach grüne Weintrauben! Dann werden zwei Kindern die Augen verbunden. Diese müssen nun versuchen, die Hexenaugen mit dem Mund aus dem Wasser zu fischen. Wer es zuerst schafft, hat gewonnen!
Außerdem eignen sich alle Spiele, die sich im Dunkeln spielen lassen, hervorragend für eine Gruselparty, so zum Beispiel »Welches Geräusch ist das?« (siehe Seite 62). Oder wie wäre es, wenn die Kinder ihre eigene Gruselgeschichte erfinden? Wie bei der »Geschichte aus vier Wörtern« von Seite 66 schreiben Sie dabei vier Hauptwörter auf einen Zettel, zum Beispiel »Vampir«, »Schloss«, »Spinnweben«, »Mitternacht«. Die Kinder denken sich nun eine Gruselgeschichte aus, in der diese vier Wörter vorkommen. Wer erfindet die schaurigste Geschichte?

Weitere Aktivitäten

Neben diesen Spielen können Sie bei einer Gruselparty noch weitere Dinge unternehmen. Lesen Sie zum Beispiel den Kindern eine Gruselgeschichte vor. Oder erzählen Sie etwas

(natürlich bei Kerzenschein) oder unternehmen Sie eine Nachtwanderung.
Übrigens: Wenn zusätzlich noch ein oder zwei Gespenster oder Vampire den Weg der Kinder kreuzen, wird die Nachtwanderung erst zum richtigen Abenteuer!

Unter wilden Tieren: Dschungelfest

Im Dschungel ist die Hölle los – selbst wenn der Dschungel dieses Mal nur in Ihrem Wohnzimmer oder in Ihrem Garten liegt.
Eine Reise in den Urwald ist immer aufregend, denn unter anderem tummeln sich hier Naturforscher, wilde Tiere und geheimnisvolle Eingeborene.

Die Einladung

Auf der Einladung zu einer Dschungelparty herrscht natürlich eine Farbe vor: grün, grün und nochmals grün! Außerdem können Sie einige wilde Tiere abbilden, die im Dschungel zu finden sind: Affen, Tiger, Krokodile, Papageien oder Schlangen. Wie wäre es, wenn eine Schlange höchstpersönlich zum Dschungelfest lädt?
Dazu brauchen Sie jede Menge grünes Tonpapier. Schneiden Sie zuerst einen Kreis aus, den Sie dann wiederum spiralförmig einschneiden, so dass eine eingerollte Schlange entsteht. Auf den Körper dieser Schlange schreiben Sie dann ebenfalls spiralförmig den Text der Einladung. Außerdem können Sie andere Dschungeltiere, zum Beispiel Affen oder Elefanten (mit aufgeklebtem Rüssel) aus Tonpapier ausschneiden sowie den Text der Einladung darauf schreiben.

Dekoration

Grün, grün, grün – das sind nun einmal die Farben des Dschungels. Bringen Sie so viel Grün wie möglich in Ihr Wohnzimmer: Mit Tüchern und vor allem mit vielen Pflanzen. Zur Not leihen Sie sich eben noch ein paar Yucca-Palmen von Ihren Freunden und Bekannten aus! Auch Girlanden aus Stoffblumen und Kokosnüsse eignen sich hier als Dekoration. Mit Sicherheit besitzt Ihr Kind einige Stofftiere, die auch im Dschungel zu finden sind. Setzen Sie diese ebenfalls ins Zimmer. Zusätzlich baumeln Schlangen aus Krepppapier von der Decke und winden sich um Stuhlbeine. Allerlei exotische Schmetterlinge aus Tonpapier sitzen auf den Wänden und den Möbelstücken. Früchte aus Papier baumeln von der Decke oder hängen an einem Netz, das unter die Decke gespannt wird.
Eine Riesenschlange können Sie bzw. Ihr Kind ganz leicht selbst basteln. Dazu brauchen Sie viele, viele leere Toilettenpapierrollen, eine Schnur, Wasserfarben und bunte Stoff- und Papierreste. Bemalen und bekleben Sie die Toilettenpapierrollen wie es Ihnen gefällt, und ziehen Sie sie dann nacheinander auf eine Schnur. Auf die erste Rolle malen Sie zwei Augen und kleben ein rotes Stück Stoff als Zunge hinein, an der letzten befestigen Sie ein kleines spitz zulaufendes Schwänzchen. Diese Schlange hängen Sie dann an die Zimmerdecke.

Essen und Trinken

Im Urwald wachsen viele exotische Früchte – die dürfen auch bei einer Dschungelparty nicht fehlen: Die Früchte selbst, ein Obstsalat oder viele Fruchtsäfte – all das schmeckt nicht nur gut, sondern ist auch noch gesund!
Ein Lagerfeuer macht hier ebenfalls viel Spaß. Mit Sicherheit grillen die Kinder gerne Löwenwürstchen oder Elefan-

tenkoteletts. Doch auch im Dschungel kann man sich hervorragend vegetarisch ernähren. Wie wäre es zum Beispiel mit grünen Lianen? Klingt nicht so gut? Aber grüne Bandnudeln – die schmecken den meisten Kindern!

Spiele

Eine Kokosnuss ist wirklich eine vielseitige Frucht: Sie schmeckt hervorragend, eignet sich als Dekorationsmaterial und: Sie dient herrlich als Spielgerät! So können die Kinder zum Beispiel eine Kokosnuss um die Wette rollen oder sich gegenseitig zuwerfen.

Spaziergang im Dschungel: Zugegeben: Ein deutscher Wald ist kein Urwald, doch auch bei einem Waldspaziergang in unseren Breiten kann man einige Abenteuer erleben. Wenn die Kinder ihre Fantasie einsetzen (und Sie ein wenig improvisieren), ist dies fast genauso spannend wie eine Reise nach Afrika! Dazu müssen Sie am Tag oder Vormittag vor der Party schon einmal in den Wald gehen und einiges vorbereiten. So können Sie zum Beispiel Hindernisse aufbauen, die die Kinder überwinden müssen. Vielleicht balancieren sie auf Baumstämmen oder Sie müssen sich an einer Liane (ein Seil, das an einem Baum hängt) über einen Stein schwingen. Erzählen Sie dabei auch ein paar spannende Geschichten aus dem Urwald – wer weiß, ob sich hinter dem Knacken im Gebüsch nicht vielleicht doch ein gefährlicher Leopard versteckt?

Fütterung der Löwen: Wollen die Kinder vielleicht einmal einen Löwen füttern? Aus einer leeren Waschmitteltrommel ist schnell ein Löwenmaul gebastelt. Bemalen Sie die Trommel und kleben Sie Augen, Ohren, Nase, Zähne und eine prächtige Mähne aus Woll- und Stoffresten darauf. Bei der Party wird der »Löwe« mit doppelseitigem Klebeband auf dem Boden oder Tisch festgeklebt. Die Kinder müssen ihn füttern – das heißt, sie werfen ihm Bälle ins Maul. Wer die meisten Treffer erzielt, hat gewonnen.

Die Elefantenherde: Kinder kennen dieses Bild aus dem Fernsehen oder aus dem Zirkus. Elefanten bilden eine Kolonne, indem sie sich mit dem Rüssel am Schwanz des Vordermannes fest halten. Auch die Kinder bilden nun eine solche Kolonne und halten sich an den Schultern ihres Vordermannes fest. Dann stampfen sie durch den Urwald, sprich durch Ihre Wohnung, Ihr Haus oder auch auf der Straße herum. Der Anführer erteilt die Kommandos, alle anderen Elefanten richten sich danach. Diese Kommandos können zum Beispiel lauten: »Alle Elefanten laufen auf nur einem Bein!«, »Alle Elefanten hüpfen!« oder »Alle Elefanten trompeten laut!«

Rhythmen des Dschungels: Urwaldmusik darf bei einem Dschungelfest ebenfalls nicht fehlen. Vor allem Trommeln: Leere Waschmittelbehälter, Kochtöpfe und Ähnliches dienen als ebensolche, auf die die Kinder mit Kochlöffeln oder den Händen schlagen. Natürlich führen die Kinder wilde Tänze um ein Lagerfeuer herum auf! Wie wäre es mit einem Ritual, bei dem die tapferen Eingeborenen die Tiere beschwören, die sie gerne jagen möchten? Hier nun machen die Kinder die Bewegungen und Geräusche von Dschungeltieren nach, zum Beispiel Affen, Löwen, Elefanten, Schlangen und so weiter.

Hier noch eine Idee für ein Tanzspiel: Alle Kinder stehen im Kreis. Ein Kind beginnt und macht einen Tanzschritt vor. Das nächste Kind fügt an diesen Tanzschritt einen neuen an. So geht es immer weiter und weiter, bis das letzte Kind an der Reihe war. Wer kann sich den Tanz am besten merken?

Lied: Die Affenbande: Das bekannte Kinderlied von der Affenbande und der Kokosnuss passt hervorragend zu einer Dschungelparty und kann von allen Kindern mitgebrüllt werden.

Die Affenmama sitzt am Fluss
und angelt nach der Kokosnuss.
Die ganze Affenbande brüllt:
»Wo ist die Kokosnuss, ...?«

Der Affenonkel – welch ein Graus –
reißt alle Urwaldbäume aus.

Die ganze Affenbande brüllt:
»Wo ist die Kokosnuss, ...?«

Die Affentante kommt von fern.
Sie isst die Kokosnuss so gern.
Die ganze Affenbande brüllt:
»Wo ist die Kokosnuss, ...?«

Der Affenmilchmann, dieser Knilch,
der wartet auf die Kokosmilch.
Die ganze Affenbande brüllt:
»Wo ist die Kokosnuss, ...?«

Das Affenbaby voll Genuss
hält in der Hand die Kokosnuss.
Die ganze Affenbande brüllt:
»Es hat die Kokosnuss,
es hat die Kokosnuss, ...!«

Die Affenoma schreit »Hurra!«
Die Kokosnuss ist wieder da.
Die ganze Affenbande brüllt:
»Da ist die Kokosnuss,
es hat die Kokosnuss, ...!«

Und die Moral von der Geschicht':
Klau keine Kokosnüsse nicht,
weil sonst die ganze Bande brüllt:
»Wo ist die Kokosnuss, ...?«

Und 'ne Buddel voll Rum! Piratenparty

Wilde Seeräuber und Piratenbräute feiern gerne ein richtiges Seeräuberfest. Hier können sie ihre Tapferkeit unter Beweis stellen und sich auch einmal richtig austoben, denn unter Piraten geht es nicht immer gesittet zu. Verkleidungen sind hier ganz schnell gebastelt: Ein buntes Kopftuch, ein geringeltes T-Shirt und natürlich eine Augenklappe – und schon wird Ihr Kind zum wilden Seeräuber!

Die Einladung

Die Piraten leben auf einem Schiff, und genau dies können Sie in Ihrer Einladung aufgreifen: Falten Sie ein Blatt Papier in der Mitte. Auf die Vorderseite malen Sie ein Segel- oder Piratenschiff. Schneiden Sie die Umrisse aus. Übertragen Sie den Umriss auf die dahinter liegende Seite und schreiben auf das weiße Segel des Schiffes den Text der Einladung. Der Hintergrund wird blau, auf der Vorderseite steht der Name des eingeladenen Kindes.
Die Einladung lässt sich aber auch als Flaschenpost gestalten.
Besorgen Sie kleine Flaschen mit Korken. Schneiden Sie die Korken so zurecht, dass Sie die Flaschen damit verschließen können. Den Text der Einladung schreiben Sie auf einen Streifen Papier, rollen ihn zusammen und stecken ihn in die Flasche. Ein Ende des Papierstreifens kleben Sie unten am Korken so fest, dass die Kinder die Einladung leicht aus der Flasche herausholen können. Wer möchte, kann den Text der Einladung auch in einer rätselhaften Schatzkarte verstecken.

Dekoration

Die Seeräuberfahne mit einem Totenkopf und zwei gekreuzten Knochen kennt jedes Kind. Sie sollte daher auch bei Ihrer Piratenparty nicht fehlen. Hängen Sie sie in

Ihr Wohnzimmer oder in den Garten. Selbst anfertigen lässt sich die Fahne, indem Sie mit weißer Farbe auf schwarzen Stoff malen oder umgekehrt. Hängen Sie zudem noch ein paar große weiße Leintücher auf – sie dienen als Segel des Piratenschiffes. Karibisches Flair können Sie mit Girlanden aus Stoffblumen erzeugen, die Sie im Zimmer aufhängen. Auch Palmblätter aus dem Blumenladen und bunte Fackeln sorgen für Südsee-Atmosphäre. Und wie wäre es mit einem Stoffpapagei, der ab und zu dumme Kommentare einwirft?

Aus dem Baumarkt können Sie sich ein Gartennetz besorgen. Dieses hängen Sie dann an der Zimmerdecke auf und füllen es mit Fischen, Muscheln, Seesternen und Krebsen aus Papier, Holz, Stoffresten oder Pappe.

Essen und Trinken

Ein Piratenschiff ist natürlich nicht mit einem Luxuskreuzer zu vergleichen. Deshalb essen die Kinder auch nicht am Tisch, sondern sitzen auf Obstkisten. Auch die Speisen sind auf Kisten angerichtet.

Piraten in der Karibik verzehren allerlei exotische Dinge. Bieten Sie Früchte wie Ananas oder Mangos an. Den Durst stillen entsprechende Fruchtsäfte.

Die traditionelle Speise auf hoher See ist natürlich Fisch, warum also den Kindern nicht einfach Fischstäbchen servieren?

Allerdings legen Piraten auch gerne einmal an einer tropischen Insel an und sitzen dann gerne am Lagerfeuer zusammen und grillen Fleisch oder Würstchen.

Aus Baguettes können Sie ganz einfach Piratenschiffe basteln. Belegen Sie sie mit Wurst, Käse, Gurken oder Ähnlichem und stecken Sie einen Zahnstocher mit einer Piratenflagge hinein.

Spiele

Seetauglichkeit: Ein seekranker Pirat ist kein richtiger Pirat. Deshalb werden die Möchtegern-Seeräuber zu Beginn des Festes auf ihre Seetauglichkeit getestet. Und das geht so: Ein Kind legt sich auf eine Decke, die dann von zwei Erwachsenen kräftig geschüttelt wird. Diesen Test müssen alle bestehen, bevor das Fest losgehen kann.

Seetaufe: Ein kurioser Brauch unter Seeleuten ist die Seetaufe: Wer das erste Mal den Äquator überquert, wird getauft. Bei schönem und heißem Wetter kann man sich durchaus vorstellen, dass der Äquator quer durch Ihren Garten verläuft. Die Kinder werden dann mit dem Gartenschlauch oder mit einem mit Wasser gefüllten Luftballon »getauft«. Sie können auch den Rasensprenger anschalten und die angehenden Seeräuber hindurchlaufen lassen. Ganz klar, dass die Kinder bei dieser Taufe auch ihre Piratennamen erhalten, mit denen sie dann den Rest der Feier angesprochen werden!

Schatzsuche: Womit beschäftigen sich Piraten am liebsten? Ganz klar: Sie suchen einen sagenhaften Schatz, den ein anderer gerissener Seeräuber irgendwo versteckt hat. Eine Schatzsuche (siehe Seite 115) eignet sich daher hervorragend als Spiel für eine Piratenparty.

Seemannsgarn: Piraten spinnen – wie alle Seeleute – gerne Seemannsgarn. Sie denken sich haarsträubende Geschichten aus, in denen sie allerlei Abenteuer bestehen und am Schluss natürlich als Helden da stehen. Veranstalten Sie einen Wettbewerb im Geschichtenerzählen! Sieger ist derjenige, dem die verrückteste Geschichte einfällt. Sie können sich auch in der Gruppe eine Geschichte ausdenken, so wie es zum Beispiel in den Spielen »Geschichte aus vier Wörtern« (siehe

Seite 66) und »Eine Geschichte erfinden« (siehe Seite 73) dargestellt ist.

Schmuggeln: Piraten sind ganz hervorragende Schmuggler und müssen dabei sehr geschickt vorgehen. Natürlich darf man ihnen nichts anmerken. Wie geschickt die Kinder sind, können Sie ganz leicht mit dem folgenden Spiel herausfinden: Zwei Kinder stehen sich gegenüber und halten einen Tischtennisball in der Hand. Auf ein Kommando hin versuchen sie nun, den Ball ohne äußere Berührung durch den Ärmel über den Pulli und den Gürtel in die Hose und von dort in das Hosenbein zu schmuggeln. Wer dies zuerst schafft, hat gewonnen! Halten Sie hier ein paar Pullis bereit, für den Fall, dass die Kinder nicht entsprechend angezogen sind.

Ruderwettbewerb: Natürlich dürfen sich Seeräuber und Piratenbräute auch gerne in allerlei sportlichen Wettkämpfen messen. Eine Disziplin, in welcher die Seeräuber hervorragend abschneiden, ist Rudern – und das geht auch ohne Boot! Eine Obstkiste oder ein Pappkarton tun es auch. Dort knien sich die Kinder dann hinein, stützen sich außen mit den Händen ab und rutschen mit der Kiste nach. So legen sie eine vorher bestimmte Strecke zurück.

Wasser schöpfen: Dieses Spiel eignet sich besonders für Partys im Freien: Nach einem schweren Unwetter ist das Piratenschiff leck geschlagen und füllt sich mit Wasser. Symbolisieren Sie dies durch einen Eimer voll Wasser. Die Piraten müssen das Wasser zurück ins Meer schöpfen, damit das Schiff nicht untergeht. Mithilfe von Bechern transportieren sie es in ein Planschbecken, das in einigen Metern Entfernung steht. Die Mannschaft, die ihr Schiff zuerst leer geschöpft hat, gewinnt. Um das Spiel ein wenig schwieriger zu gestalten, können Sie unterwegs noch einige Hindernisse aufbauen.

Fässer rollen: Wie allgemein bekannt ist, trinken Piraten nur allzu gerne große Mengen an Rum und haben dann jede Menge leere Fässer übrig. Mit diesen Fässern – in unserem Fall tun es auch leere Waschmitteltrommeln oder Eimer können sie ebenfalls einen Wettbewerb austragen. Dabei rollen die Kinder die Fässer um die Wette – eine bestimmte Strecke entlang und dann um eine Wendemarke herum. Diesen Wettlauf können sie als Einzelwettkampf oder Staffellauf austragen.

Wie in alten Zeiten: Ritterparty

Das Mittelalter mit seinen Burgen und Rittern ist bei Kindern sehr beliebt. Bei einem Ausflug in diese längst vergangenen Zeiten können Buben ihre Tapferkeit unter Beweis stellen. Die Mädchen können als Burgfräulein ihren Traum vom Prinzessinnen-Dasein ausleben. Doch nicht nur Ritter und Burgfräulein gehören zu einer Ritterparty – auch allerlei Hofnarren, Gaukler und fahrende Musikanten dürfen gerne mitmischen.

Die Einladung

Damit die Kinder wissen, was auf sie zukommt, können Sie bereits die Einladung als Ritterburg gestalten: Schneiden Sie einfach eine Burg aus Tonpapier aus und schreiben Sie den Text in einer etwas altmodisch anmutenden Schrift darauf. Auch in den Formulierungen können Sie die Vergangenheit wieder aufleben lassen: »Ritter Felix von der Schlossallee lädt am 13. März 2005 um 15.00 Uhr zu einem großen Turnier. Liebe Ritter, Burgfräulein, Gaukler, Spielleute und Hofnarren, erscheint bitte recht zahlreich. An Speis und Trank soll es niemandem mangeln.«

Dekoration

Keine Angst, Sie müssen nicht gleich eine Ritterrüstung in Ihr Wohnzimmer stellen – bei einem Ritterfest genügt es schon, wenn Sie die Tafel festlich schmücken. Burgen waren ja bekanntlich kalt, zugig und finster, also dunkeln Sie das Zimmer ab und stellen Sie als Beleuchtung auf die Tafel nur Kerzen. So bleiben auch die unfeinen Tischsitten im Verborgenen! Türen und Fenster können Sie mit Vorhängen oder dunklen Tüchern verhüllen. Der Burgherr oder die Burgherrin – in diesem Fall also das Geburtstagskind – hat natürlich den Ehrenplatz bei Tisch inne, der auch als solcher erkennbar sein sollte. Gestalten Sie den Platz des Geburtstagskindes wie einen Thron, dekorieren Sie ihn mit einem Vorhang oder Tuch und schmücken Sie ihn zum Beispiel mit Goldpapier und Lametta. Oft spukt es auf einer Burg und in den finsteren Winkeln verkriechen sich grässliche Spinnen. Basteln Sie Spinnweben und Gespenster wie im Kapitel »Gruselparty« beschrieben.

Essen und Trinken

Bei einem richtigen Rittermahl geht es deftig – und nicht allzu gesittet – zu: Wer möchte, kann die mittelalterlichen Tischsitten wieder aufleben lassen und auf Messer und Gabel verzichten. Servieren Sie den Rittern und Burgfräulein zum Beispiel Hähnchenkeulen, die die Kinder in die Hand nehmen können. Auch ein Lagerfeuer ist hier eine gute Idee. Es muss nicht gleich ein Spanferkel sein – auch Würstchen können Sie ganz einfach im Feuer grillen. Ritter trinken am liebsten Bier, in unserem Fall natürlich Kinderbier. Doch auch Honigwein war ein beliebtes mittelalterliches Getränk. Diesen »Wein« brauen Sie aus Apfeltee und Honig. Je nach Jahreszeit können Sie ihn heiß oder kalt servieren.

Spiele

Zu einem Ritterfest gehört natürlich ein Ritterturnier, bei dem die Helden ihre Tapferkeit unter Beweis stellen. Entgegen der mittelalterlichen Tradition dürfen an Ihrem Ritterturnier übrigens auch die Burgfräulein teilnehmen! Als Wettkämpfe eignen sich hier verschiedene Lauf- und Wurfwettbewerbe aus dem Kapitel »Kinderolympiade«. Darüber hinaus dürfen auch allerlei Reiterspiele nicht fehlen. Als Pferde fungieren hier wenn möglich zwei Schaukelpferde.

Ringstechen: Befestigen Sie ein Seil an einem Baum und knüpfen Sie einen Ring an das untere Ende des Seils. Dann bringen Sie das Seil zum Schwingen. Der Ritter auf dem (Schaukel-)Pferd muss nun versuchen, den Ring mit seiner Lanze – einem Stock – zu durchstechen.

Wurfwettbewerbe: Die Wurfwettbewerbe aus dem Kapitel »Kinderolympiade« können die Kinder ebenfalls vom Pferd aus durchführen. Es ist nämlich gleich wesentlich schwieriger, eine Dosenpyramide zu treffen, wenn man dabei auf einem wild hin und her schaukelnden Pferd sitzt!

Sattelfestigkeit: Ritter müssen fest im Sattel sitzen – wer unsicher und wackelig ist, fällt leicht herunter. Wie sattelfest Ritter und Burgfräulein tatsächlich sind, können sie bei diesem Wettbewerb zeigen. Die Kinder legen eine bestimmte Strecke auf einem Steckenpferd zurück, haben dabei jedoch einen leichten Gegenstand, zum Beispiel einen leeren Becher, auf dem Kopf. Wem der Gegenstand herunterfällt, der muss zum Start zurück und neu beginnen.

Schwertkampf: Schwertkämpfe dürfen bei einem Ritterturnier ebenfalls nicht fehlen. Dabei können Ritter und

Burgfräulein auf dem Pferderücken oder zu Fuß gegeneinander antreten. Als Schwerter dienen hier zwei Stöcke, die Sie am Ende mit einem Kissen oder Schaumgummi polstern, damit sich die Kinder nicht verletzen. Dann stehen sich zwei Kinder in einer Entfernung von etwa 1,50 Metern gegenüber – entweder auf dem Rücken zweier Schaukelpferde oder auf zwei Eimern. Sie versuchen nun, sich gegenseitig von den Pferden oder Eimern zu stoßen. Hier können Sie so viele Runden durchführen, bis am Schluss ein Sieger übrig bleibt.

Zweikampf: Ritter messen sich gerne mit ihrer Körperkraft, und das können sie auf einer Ritterparty sehr gut tun. Auch hier kämpfen immer zwei Kinder gegeneinander – achten Sie aber darauf, dass diese in etwa gleich groß und gleich stark sind. Beide Ritter stehen nun auf einem Bein und verschränken die Arme vor der Brust. Hüpfend versuchen sie, den anderen Partner aus dem Gleichgewicht zu bringen. Wer zuerst mit dem zweiten Bein den Boden berührt, hat in dieser Runde verloren und scheidet aus. Am Schluss bleibt ein Kind als Sieger übrig.

Wildschweinjagd: Damit es am Abend auf der Burg etwas zu essen gibt, müssen die Ritter ab und zu auf Wildschweinjagd gehen. Das Wildschwein ist in diesem Fall ein Wasserball, der in einen Käfig – zum Beispiel unter einen Tisch – gejagt werden muss. Da ein Wildschwein ziemlich kräftig ist, jagen die Ritter es mit einem Rammbock, einem Besen. Immer drei Ritter umfassen einen Rammbock und stoßen damit nach dem Wildschwein.

Gaukler und Spielleute: Zu einem Ritterfest gehören nicht nur tapfere Ritter und schöne Burgfräulein. Regelmäßig kamen auch fahrende Spielleute und Gaukler auf die Burgen und unterhielten deren Bewohner mit allerlei Liedern und Kunststücken. Auch in diese Rolle können die Kinder schlüpfen. Geben Sie gleich zu Anfang des Festes bekannt, dass jedes Kind etwas zur Unterhaltung der Festgesellschaft beitragen muss, und geben Sie den Kindern später auch etwas freie Zeit, damit sie sich ihre Beiträge überlegen können. Ein Hofnarr kann zum Beispiel einen Witz erzählen oder der Gesellschaft ein Rätsel aufgeben, ein Akrobat kann Purzelbäume schlagen oder ein Zauberer einen kleinen Zaubertrick vorführen. Vielleicht finden sich ja auch zwei oder mehr Kinder zu einer kleinen Theatertruppe zusammen?

6. Kapitel

Ausflüge mit den Kindern

Nicht immer sind die eigenen vier Wände groß genug, um mit allen Gästen zu feiern, oder vielleicht hat das Geburtstagskind auch einen ganz besonderen Wunsch. Wie wäre es also mit einem Ausflug mit den Kindern? Dabei bieten Sie den Gästen etwas ganz Besonderes, das sie sonst nicht so einfach erleben können – jedenfalls nicht in einer Gruppe mit ihren besten Freunden.
Was es rund um Zoobesuch, Freizeitpark, Schwimmbad & Co. zu beachten gilt, erfahren Sie in diesem Kapitel.

Ein paar Dinge vorneweg

Wenn Sie mit der ganzen Geburtstagsgesellschaft einen Ausflug unternehmen wollen, so teilen Sie dies den Eltern auf der Einladung mit, damit die Kinder passend angezogen sind oder ihre Badesachen dabei haben. Geben Sie auch an, wann Sie ungefähr zurück sein werden und ob die Kinder dann nach Hause gebracht werden oder bei Ihnen abgeholt werden müssen.
Überlegen Sie, wie Sie zum Ort des Geschehens kommen – mit den öffentlichen Verkehrsmitteln oder mit dem Auto. Vermutlich werden Sie nicht alle Kinder in einem Fahrzeug unterbringen, Sie brauchen also jemanden, der Ihnen beim Transport der Kinder helfen kann. Auch wenn die Kinder noch ziemlich klein sind, sollten Sie trotzdem nicht versuchen, alle Kinder in Ihr Auto zu quetschen – im Falle eines Unfalls kann dies gefährlich werden und dann sind Sie dran! Vielleicht können Sie ja auch für den Nachmittag

einen Kleinbus mieten, in dem alle Kinder Platz finden? Abgesehen vom Transport der Kinder brauchen Sie vielleicht auch noch eine zweite Person, die Ihnen bei der Aufsicht hilft. Dies ist besonders dann ratsam, wenn Sie die Kinder frei spielen lassen und die Gruppe nicht immer zusammen bleibt. Bei einem Besuch im Schwimm- oder Erlebnisbad können Sie zwar zusätzlich auf die Hilfe der Bademeister hoffen, doch trotzdem ist es immer besser, wenn Sie selbst zusammen mit einer Freundin ein wachsames Auge auf die Kinder haben. In Freizeitparks oder ähnlichen Ausflugszielen sollten die Kinder nach Möglichkeit beisammen bleiben und nicht alleine im Park umherlaufen.
Sind die Wünsche der Kinder sehr verschieden, so können Sie die Gruppe in einige Kleingruppen teilen, doch ist dies eigentlich nicht der Sinn einer Geburtstagsparty.

Beachten Sie: Bei einem Besuch im Zoo, Freizeitpark, Kino oder Schwimmbad werden Eintrittsgelder auf Sie zukommen – und die können manchmal ganz schön happig ausfallen. Da die Gäste eingeladen sind, ist es ganz klar, dass Sie diese Kosten auch übernehmen. Erkundigen Sie sich in einem solchen Fall rechtzeitig nach Gruppenpreisen und Kinderermäßigung, damit Sie am Ende nicht mit leerem Geldbeutel da stehen. Sparen können Sie dafür an anderer Stelle – nämlich beim Essen: Nehmen Sie einfach ein Picknick mit, so müssen Sie nicht auf die teuren Angebote von Restaurants und Kiosken zurückgreifen – Eiswaffeln im Sommer natürlich ausgenommen!
Und noch etwas sollten Sie im Auge behalten: Leider kann man sich in unseren Breiten nicht immer auf das Wetter verlassen. Überlegen Sie daher rechtzeitig, was Sie tun, wenn es regnet, denn so müssen Sie im Ernstfall nicht improvisieren. Als Möglichkeiten bieten sich hier ein Ausweichtermin oder ein Alternativprogramm für Regenwetter an.

Schwimm- und Erlebnisbäder

Ein Besuch in einem Schwimm- oder Erlebnisbad – vor allem wenn dies ein paar aufregende Wasserrutschen hat – ist bei Kindern aller Altersstufen sehr beliebt. Erkundigen Sie sich vorher bei den Eltern, ob die Kinder auch gut genug schwimmen können, auf unsichere Schwimmer sollten Sie besonders achten und sie nicht aus den Augen lassen.
Meist toben die Kinder von selbst im Wasser herum, spielen Fangen oder stürzen sich die Rutschen hinab. Sie können aber auch zusätzlich noch ein paar Spiele im Wasser durchführen, so dass es auch ganz bestimmt niemandem langweilig wird. So können die Kinder einige spannende Wettkämpfe austragen, zum Beispiel indem sie Tandem schwimmen (ein Kind hält sich an den Füßen des Vordermannes fest) oder sich gegenseitig abschleppen. Wenn Sie ein Becken für sich beanspruchen können und keine anderen Badegäste behindern, können die Kinder Luftballons schnappen. Dazu füllen Sie ziemlich viele Luftballons mit etwas Wasser und blasen sie dann fertig auf. Danach werfen Sie die Ballons ins Becken. Auf ein Kommando hin springen die Kinder ins Wasser. Wer die meisten Luftballons schnappen kann, hat gewonnen.
Achten Sie auch darauf, dass die Kinder nicht so lange im Wasser bleiben, bis sie vor Kälte bibbern, und legen Sie zwischendurch immer einmal Pausen ein. Nun ist es Zeit für einen kleinen Imbiss (nichts allzu Schweres) oder ein paar Spiele an Land. Wenn es dann wieder nach Hause geht, sollten alle Kinder ordentlich angezogen und im Winter auch geföhnt sein, damit sich niemand erkältet.

Im Zoo

Im Zoo kann die ganze Gruppe leicht zusammen bleiben und gemeinsam durch den Tierpark schlendern. Um den

Besuch für die Kinder etwas spannender zu gestalten, können Sie die Zoobesichtigung mit einer Rallye verbinden. Oft gibt es an der Kasse schon fertige Fragebögen für die Kinder, die diese dann »nur« noch ausfüllen müssen. Wenn nicht, bereiten Sie die Fragebögen selbst vor. Dazu besuchen Sie den Tierpark schon ein paar Tage vor der Geburtstagsfeier und überlegen Sie sich die passenden Fragen, zum Beispiel:

- »Wie lang ist die Python?« (Wer am besten schätzt, bekommt am meisten Punkte)
- »Wie viele Löwen gibt es im Zoo?«
- »Aus welchem Land stammen die Orang Utans?«
- »Wie lautet die lateinische Bezeichnung für eine Giraffe?«
- »Wie heißen die Elefanten?«
- »Wann ist die Raubtierfütterung?«

Kaufen Sie dazu auch einen Zooführer. Auch hier finden Sie allerlei nützliche Informationen. Die Kinder sollten die Fragen aber mit Hilfe der Schilder an den Käfigen oder durch Beobachtungen beantworten können. Zu dieser Rallye können Sie die Kinder auch in zwei Gruppen einteilen. In diesem Fall sollte je ein Erwachsener die beiden Gruppen begleiten. Treffpunkt ist der Spielplatz, an dem eine Brotzeit auf die »Jäger« wartet.

Freizeitpark & Co.

Freizeitparks mit ihren verschiedenen Fahrgeschäften und Vorführungen sind bei Kindern ebenfalls sehr beliebt. Auch hier sollte die Gruppe wenn möglich zusammen bleiben, damit niemand verloren geht.

Kino und Puppentheater

Ein Besuch im Kino oder Puppentheater macht in der Gruppe gleich viel mehr Spaß – und Sie als Erwachsener haben es relativ bequem, denn die Kinder sind eine Zeit lang »ruhig gestellt«! Ob Sie selbst mit in die Vorstellung gehen oder nicht, bleibt Ihnen überlassen. Wenn Sie mitgehen, haben Sie jedoch einen entscheidenden Vorteil: Sie kennen die Handlung des Filmes oder Stückes und können dann nachher ein paar Spielideen daran anknüpfen. Außerdem können Sie so auch ein Auge auf die Kinder haben, damit diese nicht etwa andere Kinobesucher mit Popcornschlachten oder lauten Unterhaltungen stören.

Anhang

Checkliste Kindergeburtstag

Vier Wochen vorher:
- Tag und Uhrzeit festlegen (Findet die Feier am Geburtstag selbst oder am Wochenende statt?)
- Gästeliste aufstellen
- Ort zum Feiern festlegen

Drei bis zwei Wochen vorher:
- endgültige Gästcliste aufstellen
- Einladungen verschicken
- Termin für Rückantworten setzen

Zwei Wochen vorher:
- Programm festlegen
- unbekannte Spiele ausprobieren
- Speisen und Getränke festlegen
- unbekannte Speisen ausprobieren
- Ideen für Gewinne überlegen
- Einkaufsliste zusammenstellen
- Dekorationen kaufen bzw. basteln

Eine Woche vorher:
- Einkaufen (Zutaten für Speisen, Getränke, Servietten, Spielmaterial, Gewinne usw.)
- Musikkassetten bzw. CDs zusammenstellen
- Utensilien für Spiele bereit stellen

Einen Tag vorher:
- Dekorationen anbringen
- frische Zutaten einkaufen
- Speisen herstellen
- Kuchen backen

Am Festtag selbst:

- Bei unsicherem Wetter Eltern informieren, ob das Fest wie geplant stattfindet
- Tisch decken
- Entspannt feiern!

Checkliste Einladungskarte

- Name des Geburtstagskindes
- Datum
- Beginn und voraussichtliches Ende des Festes
- Ort des Geschehens
- Zusätzliche Informationen: Motto der Party, Besonderheiten, zum Beispiel »Schwimmzeug mitbringen« oder Ähnliches
- Bitte um Zu- oder Absage
- Anschrift und Telefonnummer Ihres Kindes

Internet-Adressen

Unter den folgenden Adressen finden Sie im Internet viele weitere Tipps und Anregungen für die Planung und Gestaltung des Kindergeburtstages:

http://www.geburtstagskids.de
http://www.kindergeburtstagstipps.de.vu
http://www.kinderpartyfun.de
http://www.kindergeburtstag24.de